许倬云先生（1930— ）造访南京“国立中央研究院”历史语言研究所旧址留影。

大國霸業的興廢

许倬云说历史

CHO-YUN HSU'S DISCOURSE ON HISTORY

[美]许倬云 著

人民东方出版传媒
東方出版社

图书在版编目（CIP）数据

大国霸业的兴废 /（美）许倬云 著 . — 北京：东方出版社，2021.9
（许倬云说历史）
ISBN 978-7-5207-1905-6

Ⅰ . ①大… Ⅱ . ①许… Ⅲ . ①世界史 – 通俗读物 Ⅳ . ① K109

中国版本图书馆 CIP 数据核字（2020）第 268250 号

著作权合同登记号 图字：01–2020–4280

大国霸业的兴废
（DAGUO BAYE DE XINGFEI）

作　　者：[美] 许倬云
特邀策划：冯俊文
责任编辑：王夕月
出　　版：东方出版社
发　　行：人民东方出版传媒有限公司
地　　址：北京市西城区北三环中路 6 号
邮　　编：100120
印　　刷：北京市大兴县新魏印刷厂
版　　次：2021 年 9 月第 1 版
印　　次：2021 年 9 月第 1 次印刷
开　　本：880 毫米 ×1230 毫米 1/32
印　　张：6.25
字　　数：115 千字
书　　号：ISBN 978-7-5207-1905-6
定　　价：58.00 元
发行电话：（010）85924663 85924644 85924641

目 录

中篇　近代中国

下篇　帝国兴衰

自 序

这本小书是我在匹城对中国朋友们的谈话记录，主题是中国朝代的兴废，也兼及世界历史上大国的盛衰。因为不是正式的讨论，不免口语化，行文啰唆一点。为了存真，因此也没有做太多的修整，这一点，盼望读者们的原谅。

无论是国家还是朝代，都是政治的共同体，也可以看作一个复杂的系统；如果将其与生物学的复杂系统相比，其实也还有相当的类似性。生物学上的复杂体，比如说，人类自己的身体，其基本的构造成分，就是许多不同的细胞。不同的器官，可以有不同的细胞。整体而论，凡此都是人体之内的细胞。政治共同体的复杂系统内，神经中枢是文化与政治的领导层，应当可以当作人体之内的脑细胞。呼吸系统是人体内吸收营养的维生系统之一，消化系统也是维生系统之一；血管、淋巴管等，则都是运输管道；而神经系统主要是信息传播的管道；免疫系统就等于国防军和警察。

人体之内，不同器官的功能需要相互配合，任何器官不能过强，也不能过弱。器官的功能不平衡，人就会有疾病，甚至于因为器官丧失功能而造成衰退和死亡。同时，细胞本身有新陈代谢，各个部分的细胞，其新陈代谢的速度也因为器官功能的不同，而有迅速和缓慢之分。各种不同器官的新陈代谢，就等于社会和政治系统之内的人员更换。

因此，在本书讨论的大国存亡、朝代兴衰，我们都可以将其看作一个复杂系统，它在不断新陈代谢的过程中，有没有失调和失当？一个国家或一个朝代兴起的时候，都是一些年龄壮盛的人员组成的共同体。经过年代的更换，有些领导分子换成年轻的一代。两代之间衔接是不是很顺畅，就是一个需要面临的挑战。老一代如果活得太长，把持权力太久，就会使得中枢系统的功能衰退。因为老一代的体能已经衰弱，不能再像当年那样应对挑战。同样地，如果“细胞”更换，换上来的是同一个模型的翻版，形态固定，也就未必有应变的能力。在政治体或社会体内，当权得势的阶层，长期封闭在自己的意识形态和思考习惯中，不容易理解这一共同体的其他部分或是基层“细胞”成长的需求，则共同体就可能逐渐趋于僵化，最后趋于澌灭。这些都是一个朝代或者国家，因有机性失调而造成的由盛转衰。

人体之内的细胞，是由自然规律决定的，大体上可以保持相当程度的同步，由幼儿、少年，到青年、老年，缓慢地进行。社会共同体或政治共同体，其中的成员也就相当于各种人体细胞。然而，由于个人体力和禀赋的差异，不容易真正有同步的新陈代谢；共同体也常常无法避免各部分步调不一致，而造成失调。这个自然现象，是共同体内部无法避免的缺憾。

人类政治和社会共同体，也是更大有机系统的一部分。例如，地球的生态，就是更大的系统。人类在大的生态系统内，必须与自然环境及其他生物寻求适当的共存。自从人类有了复杂的组织，也发展了生产食物的能力，人类加速地扩张自己对地球生态系统的影响。到今天，人类影响自然生态系统的能力和程度，都已经远超过这个大生态系统所能承受的地步。人类逾越了自己的生存空间，侵占了许多其他生物的生存空间。人类毁伤了各种生物赖以生存的环境，因此，自然大环境也转过来反扑，人类共同体的生存和发展，遂因此反扑而有萎缩的可能性。大系统的萎缩，最终会使世界人类共同体本身，在寄托的母体毁坏后，自己也无法延续。历史上，因为毁损环境而造成大国和朝代的衰微甚至覆亡，也有不少例证。而今天，由于人类自己发挥的影响力比过去更为强大，将来人类的复杂系统难以面对迅速萎缩的大系统，可能是人类社会政治共同体濒临衰败的主要原因。

佛教有“生、老、病、死”或者“成、住、坏、空”

的说法,“生、老、病、死”指的是生物体,“成、住、坏、空”指的是一切个体。大国和朝代也始终不能躲开“成、住、坏、空”的规律。学历史的人,摊开史料,眼看着人类走过的途径,其间有多少次的衰亡?多少次的覆灭?但是人类从来无法从前面的失败中,吸取经验。海滩的浪潮,有涨潮和退潮。涨潮时卷上来的是有用的养料,退潮时卷走的也是有用的养料。潮来潮去,终于在海滩上留下了沙粒——只是沙粒,不是土壤。浪淘沙,是人类共同的经验:眼看着大自然浪涛汹涌,如果我们不从过去吸取经验,发展一些知所约束、知所节制的智慧;如果我们也没有领悟一些不要强求、不要执着的智慧,也许人类在世界上就难以存留更长的时间。将来的历史,将不再是大国的兴衰,也不是朝代的存亡,而是人类全体的毁灭和消失。

杜甫的《阆山歌》有一句话,“松浮欲尽不尽云,江动将崩未崩石”。在松树底下仰望天空的白云,一朵一朵飘过去,看上去是连续的,又似乎是不连续的。历史上的大国和朝代,正如一朵一朵的白云,连续起来就是人类共同的历史:前面已经飘过去很多的白云,后面是不是还有足够的云气,会形成一朵一朵的白云?在长江岸边上,眼看着江水冲击,危岸崩石,有些岩石正在将崩未崩之际,有些岩石终于崩落江中,随波而去。整个江岸，数千年间，有多少的巨岩已经崩到江中化作泥沙？人类历史上，有多少共同体在时间的长流之间，也在不断地崩落？

许倬云

2011 年 9 月 29 日序于匹兹堡

上篇 古代中国

第一章

王朝的盛衰周期

中国自古以来有一句话：分久必合，合久必分。这似乎是一种周期。历史学家眼中也有一种周期，他们认为朝代由盛转衰是一定的，开国时必定兴盛太平，而这个朝代将要结束时，一定是内忧外患接踵而至。这两个观念中所说的“周期”，并不是一个必然的历史规律，却正好描述了一个政治共同体，将其当作一个复杂系统来看，它是如何逐渐失去自己的调节能力，以至于不能面对困难的。

分久必合，合久必分

先说分合观念。中国是很庞大的地区，各个地理区域天然条件不一样，合在一起成为一个共同体，必须是各个区域之间能够互补而无冲突。朝代刚兴盛的时候——通常是大乱以后，一个新的秩序出现了，各个地区可以重新调节，彼此形成互补的关系；在各地区之间协调与重新分配资源，也正是一个新政权的重要任务。建立一些新的交通网和新的管理制度，都是为了要把若干互相冲突的地区，重新放在一个系统之内，这个调节的过程可能要花很长的时间。比如说，汉代分裂以后，要到唐代才重新建构起一个南北之间相互协调的新秩序。汉代是东西方向的结合，物产和人力资源都是靠横向的几条大路和纵向的分支路线，将帝国结合为一个整体。汉代崩溃以后，北方少数民族的入侵导致南北分裂，各走各的发展路线。中间经过数百年的时间，其实南北的物产和人口配置都已经不一样了，隋唐之间建立的大运河，就是重新结合南北的一个新的配套设施。

各区的核心与边陲的关系，也因为新的资源分配而有不一样。秦汉的核心，是在于关中和中原的配合，隋唐也是如此。但是在宋以后，核心实际上在逐渐南移。北宋虽然中央政府在北方，但财富和资源都已经移向南方，甚至于南方人才也逐渐多了。这个南移的趋向延续不断。南宋时代疆域只有北宋的一半，但国家的富力不但并未减少，反而比北宋时候更好些。“暖风熏得游人醉，直把杭州作汴州”，这是一个自然的现象。到了明代，南北的差异更为显著。政府俣

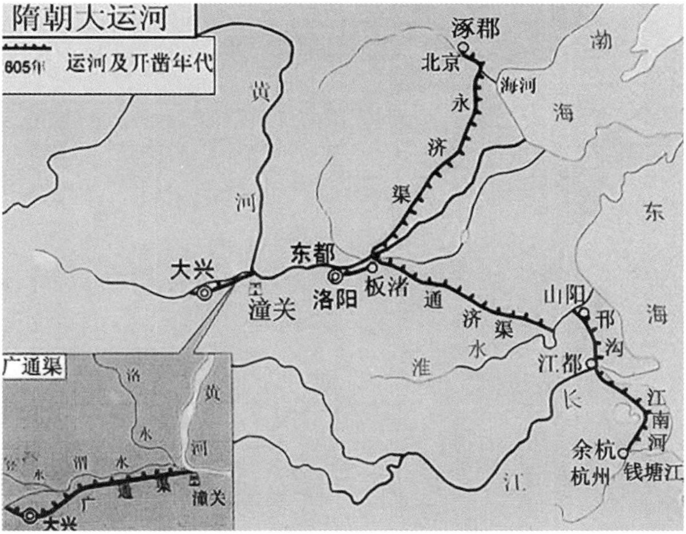

隋朝大运河示意图。隋朝建立大运河，北至涿郡（今北京），南达余杭（今杭州），其主要目的就是沟通南北，实现南北经济的交流、融合。

持南北两直隶[1]作为中央直辖的领土，在这南北两个直隶之内，不分封任何亲王。但实际上，北直隶是北京的外围，大量的军队驻屯在这些地区，南直隶却是财富的所在——经过大运河往北方运粮食，是北京建都后主要的粮食供应方式，明清两代都如此。到清代晚期，沿海地区，华南和东南，都是支持国家的主要资源所在地。分久必合、合久必分，都取决于中央政府能不能有效地掌握各主要地区的资源。

人才的选拔机制是否合理

再说盛衰周期。朝代刚起来的时候，似乎满地都是人才；朝代结束的时候，人才都不见了。这并不是说天地生才在不同的时段有不同的分布，而是有才之士能不能被吸收到国家的管理机构之中，以维持一个有效的管理体系。中国历代的王朝都是帝国制度，而且中央集权的趋向一朝比一朝严重。也就是说，统治阶层是一个密封的集团。在开国之初，功臣将相来自各方，成分是多元而复杂的，这些人才放在一

[1] **南北两直隶** 直隶指直接隶属京师的地区，类似于今天的直辖市。明太祖建都南京，以应天府（今南京）为直隶。明成祖移都北京后，又称直隶北京的地区为北直隶，直隶南京的地区为南直隶。

起，又经过打天下的历练，都是富有经验的人物，他们的合作确实可以形成一个很强的团队。一代、两代过下去，功臣子弟成了纨绔，只知享乐，不会办事。皇室集团本身是一个非常狭小的团体，再加上逐渐有了皇权传嫡子的规矩，这个可以从中选择领导的人才库，就非常狭小了。皇权本身是不容挑战的，于是，依附在皇权四周的权贵——包括宦官和宠臣，代表皇权统治整个庞大的国家。这个团体延续日久，吸收新生力量的可能性也越小。固然中国有长期存在的科举制度，理论上可以选拔全国最好的人才进入政府；不过，上面向下选拔人才，一定是挑最听话的人。于是，虽然有新人进入这小圈子，两三代以后，这小圈子的新生力量也只是陈旧力量的复制品。他们不会有新的观念，也没有勇气做新的尝试。一个掌握绝对权力的小圈子，如果两三代以后，只是同样形态人物的复制，而两三代之后随着内外环境的改变，必定出现新的挑战，这些领导者就不能应付了。

国家政权与社会力量的互动

中国这个庞大的帝国，自从秦汉以后，下层和上层之间都存在一定的互动关系。几千万到上亿的人口，散居在庞大的疆域之内，不能完全靠国家权力来管理，必定要创造合作与共处的环境。因此，在国家公权力之外，一定还会有社会力量结合，与国家一起来维持社会秩序的稳定。在秦汉时代，所谓豪族、大族，有一部分是依附在政权上形成的权贵，另外一大部分，却是在地方上形成的宗族力量。广土众民的中国，政府也没法纯粹靠公权力来管一个个老百姓，老百姓抱成团，对国家的统治也是有帮助的——政府只要管住每个地方的大族，大族会管好自己的成员。这里面所说的“大族”不一定是亲缘团体，也可能是地缘团体结合在一些有声望的人物周围。用个比喻，中国黄土高原上发展的夯土建筑，就是将松散的黄土粒子夯成一个一个的方块，直的可以成墙，横的可以作地基，大族、豪族就犹如黄土粒子构成的夯土块。最常见的形式，是亲缘和地缘的结合，宗族邻里共同组成一个有机整体。秦汉的大族、豪族在中国历史上延续很久，虽然名称不一定相同，这种结构却总是存在的，这是庞大人口和地域能够结合成一个大国的基本条件。这种团体聚合形成的社会力，不仅能够协调群众权益与政治权力的平衡，它也能发挥一种社会福利的功能，为团体之内的群众谋取社会福利，使穷苦无依、鳏寡孤独的成员有所依靠。

社会力量和政治力量的互补和彼此制衡，其实在今天的美国一样可见。不过，美国不是以宗族和邻里作为结合社会力量的基础，他们是以工会、政党、企业、信仰等种种多元的方式，将许多人口结合成一块。所谓现代方式的结合，一样有领袖和群众，一样也以利益结合，只是美国的结合方式是个人自愿的，自己做选择，也可以自己退出，团体对于个人的约束性并不构成一个僵化的压力。

这些基层社会力量的意愿，和对于政权统治方式的反应，都是政权能否稳定的重要因素。如果中央的权力团体和社会力量之间没有足够的沟通，公权力的行使往往就不是以维持一个政治共同体的正常运作为目的，而是以公权力压制社会；社会力不能影响政治力的时候，社会力必定像决堤一样，冲破约束，颠覆政权。

中国传统的王朝，民意反馈的管道建立在科举制度上面。并且，科举制度自宋以后，越来越寻求地区的分布平衡，每一小县份都会有人进入科举系统，甚至于最后进入中央的管理系统。不过，如果政府的官员和皇权的核心之间，有一个包围皇权的小圈子，这些官员的回馈信息，也无法影响那个密封的权力中心。政府官员上下得不到交流时，整个的政府只是一个寄生在皇权上的僵化团体，无法有效地管理国家，更不能替等待“抚字”[1]的百姓解决问题。

---

❶ **抚字**　对子女的爱护、养育，旧时亦用以称颂官吏治理民政。

政权的核心应该开放

一个朝代的盛衰，归结为一句话，就是公权力的核心是不是开放的。这个核心如果以为自我凝聚是为了保护自己，不断地保障自己团体成员的利益，以至于关闭门户，以这种方式自求永续，反而是自找灭亡。这种自我封闭的过程，最多能维持五六十年，超过两代、三代，痼疾已成，核心内的领导者就不可能再有开放的意图了。于是，下面三代、五代，上下逐渐脱节，政府逐渐失去效率。政府中的官员找不着政府存在的理想，只是借着公权力以自肥，贪渎现象越来越严重，就越来越失去民心，社会力量无法匡正政治力量，除了决堤以外，别无选择。在混乱之中，新的朝代出现，又有一些人结合为新的统治群体。于是朝代周而复始，由治而乱，由乱而亡。兴，百姓苦；亡，百姓苦——吃亏的都是老百姓。

如果一个政府的核心团体足够开放，可以不断吸收新鲜血液，不断地面对新问题，这样的核心就不会和百姓脱节。百姓聚合而成的社会力，也可以不断地和公权力对话，将百姓的需要回馈到公权力，使国家共同体成为为大多数百姓求安定、谋福利的力量。前面所说的兴亡盛衰周期，就可以拉得很长，甚至不会发生。现代社会有民主制度，能够不断地更新政府，也不过是为了达到这个目的。当然，以今天的美国而论，掌权者并不一定在政府之中，也可能在企业界，大企业的共同力量，足以影响政治权力。但是，大企业的领导层，也可能是一个封闭的集团。实际上，美国最近多少年来，由于大企业图利之心太切，对于社会公益已经不太关心。于是，以企业界为代表的社会力和政治力的结合，造成了政治力相对僵化的状况，即使换了政党，也很难为老百姓解决问题。因此，盛衰兴亡即使在民主政治之下也会发生，只是它的周期可能会拉得长一点。就比如说美国，从开国到今天，也有二百多年了，今天衰象已现，我们只盼望在如今这个开放的社会里，可以出现新的社会力，以制衡金钱和政府权力的结合。

强人政治的不稳定性

秦汉到隋唐之间，常有强人政治出现，甚至于强人篡位，创立新的朝代。例如，魏晋南北朝时期，每个朝代都是强人建立的，政权的转移往往只是中央执政者的改变，一般老百姓一睁眼，忽然发现有了新皇帝。这种改变构成的朝代，国祚不会长，老百姓受到的惊扰倒也不算多。可是这样的改朝换代，往往只在中央换一些新人，其中有些人可以感受到老百姓的需求，有些人却只是因为人在权力中心，顺手牵羊，窃取了政权，并没有改变僵化的中央政权的意愿。宋代以后，篡窃现象几乎不再出现，无论权力核心如何腐败和无效，却

慈禧太后（1835—1908 年）画像。义和团运动招致八国联军攻入北京，慈禧太后携光绪皇帝出逃至西安，令李鸿章等为全权大臣与列强谈判。

没有强人取而代之。这种现象出现，有一部分是因为宋代以后，君臣伦理的思想变成儒家的正宗，一般科举出身的士大夫，都不再敢冒天下之大不韪，改天换日。只有老百姓实在穷而无告，才会铤而走险，揭竿而起，造成巨大的民变。明代的流寇和清代的屡次变乱，都是这种例子。

清末太平天国声势浩大，湘军❶以士大夫力量崛起民间，居然一举平定大乱。可是曾国藩、李鸿章这些人，明知清政府已经腐败不堪，却不敢取而代之；清末民间处处有维新改革的呼声，可高官疆臣都不敢有胁迫中央改变的行为；甚至义和团运动❷时，罪魁祸首慈禧太后已经逃到西安，东南封疆大吏敢于提出东南自保❸，却不敢要求慈禧释放光绪，另外组建一个可以进行改革维新的政权。这几个例子，正是说明意识形态在成为钦定的正宗时，拘束人心的力量有多么强大。

---

❶ **湘军**　咸丰三年（1853 年），为镇压太平天国，曾国藩举办团练，在此基础上扩编而成。因将领士兵多系湖南人，故名。

❷ **义和团运动**　19 世纪末中国发生的一场以“扶清灭洋”为口号，针对西方在华人士（也包括在华传教士及中国基督徒）所进行的大规模群众运动。

❸ **东南自保**　即东南互保，指清朝末年八国联军之役期间，中国南方数省及山东违背中央政府的命令，拒不同外国开战。

第二章

秦汉帝国的扩张与崩溃

自从秦始皇一统中国，中国就进入了帝国阶段。所谓帝国有两层含义：第一，一个国内只有一个皇帝，国家是统一的；第二，对于四邻而言，中国这个庞大的国家绝对是主控力量。这两个条件合在一起的时候，中国的帝国就是天下帝国。理论上天下帝国没有边界，边缘和核心的关系只有远近，没有敌我。但实际上，当时的中国还是有不属于它管辖的邻居，尤其是北边草原上的游牧民族，很少被纳入中原的管辖体系，更常见他们向中原挑战，侵入、征服甚至统治了中原。历史上的匈奴、辽、金、元以及清朝都是较为显著的例证。

秦和两汉是一个连续体

直到秦帝国的出现，才真正为中华大帝国的核心划下基本的疆域。我们有时候称之为中原，可是中原的范围常常会改变，实际上中原的核心又时时转移。不过，以中国和欧洲的大帝国来对比，最显著的特征就是，中国有一个相当固定而且坚实的核心。因此，中国对外是一个相当庞大的地理单位，往往这核心本身比任何一边的边陲之地都要广袤富足很多倍。这么庞大的核心，自然有它自己的引力，核心可以抓住边缘，边缘则很难挑战核心的地位。

秦和两汉应该是一个连续体，不必当作三个朝代来看待。正所谓“汉承秦制”，秦帝国建立了庞大帝国的内建系统，包括道路系统和官僚体系，两者都被汉帝国继承。秦帝国的内建系统是从上而下、从核心向外缘扩散的。就秦朝的郡县制度来说，从考古发掘统计出来的数据可以发现，甚至最小的县城的县长或县令，往往是由秦帝国军队的中下级军官转任，中央的命令可以从上到下传达到地方，效率相当不错。秦帝国的道路系统，在中原地区是两横两直四条主干道，然后以此为基础对外展开若干条辐射线。这样的内建系统，传达命令效率很高，得到神经末梢回馈讯息的效率却有所不足。整体而言，秦帝国在秦始皇时代，运转并没有太大困难。

秦王朝筑长城、开直道[1]、建宫殿和陵墓，再加上戍守

---

[1] **直道**　秦始皇三十五年（前212年），命大将蒙恬主持开筑，北起九原（今内蒙古包头市西北），南至云阳甘泉宫（今陕西淳化西北），是联结关中平原与河套地区的主要通道。由于道路较直，故名直道。

边疆的兵役，用尽了以农业生产为主的国家力量。秦始皇在世时，由于他常常巡视各处，可能还可以得到地方的讯息。秦始皇一死，包括六国之后裔和陈胜、吴广、刘邦这一类农民在内的起义风起云涌，中央根本无法得到预警，也无法采取适当的应对措施。所以这一短命的王朝，它的兴盛是由于三代经营，建立了一个非常有效的战争机器。但这并不是一套很好的管理体系，在资源力量用尽之时，中央完全无法应付，庞大的帝国就垮下来了。秦代的兴和衰，其实就是这么简单的一件事。

汉代的管理制度基本上是秦朝的延续，《史记》和《汉书》都很坦白地承认这一点。但是，在实际的运用上，汉代的制度是由董仲舒设计了一套相当清楚的察举制，将过去不是很制度化的人才选拔方式，落实为定期由地方官员选择当地优秀的人才送到中央，在中央实习种种政务，然后再派到各处去工作。这样一个察举制度，使得中央和地方一直不断地有人力资源的流转，把地方的讯息无时不经过这些实习人员带到中央。这套讯息传递系统至少在西汉大半的时间里面，能为中央的种种决策提供有效的信息，使这么庞大的帝国基本上能够稳定地运作。

西汉的崩溃，也是由于大规模的内乱。那是因为王莽这个书呆子，他并没有理解汉代设计这套讯息内馈系统的功能，以为只要中央不断地下命令，就可以将一个设计好的“新政”，落实成儒家思想向往的理想国家。有人以为王莽是一个空想的社会主义者，其实不然，他至多是一个以皇帝身份来抚育子民的专制帝王。王莽得到皇位并不合法，所以他和拥护他的人发动或制造大规模的舆论，以此来支持他的政权。由于舆论是经过制造的，中央从此不能得到真实的回馈讯息。王莽的种种措施，调动了许多资源，使得天下骚然，许多农民脱产投入变乱，而政府的反应既不恰当也不够快。于是，王莽接手的一个庞大的汉帝国，就因为大规模的民变而瓦解了。

西汉帝国的扩张策略

从西汉的对外关系来看，中国最大的挑战者是草原上的匈奴，这个部落集团可说是历史上罕见的游牧帝国。匈奴骑兵部队来去如风的速度，使得汉代的长城沿线必须处处设防，这是以少击多的战略。汉代费尽心思要制伏匈奴，最后是以取得良马马种，训练了可以跟匈奴对抗的骑兵部队才最终取胜。霍去病号称骠骑将军，他所采用的战略就是以快速行动的马队千里奔袭，深入匈奴腹地，再由卫青统领大量的步兵部队，沿着长城各路并进，从而一举把匈奴打垮。

中原和匈奴的战争，基本上是用大量的资源来抵消匈奴灵活机动的战略。从那以后，中国北方的战争都是依靠钱粮和补给取胜，这种战略也会造成资源的大量消耗。如果因此引发内部资源不足而发生民变，王朝也许就会垮台。西汉的胜利，就是因为内部的资源可以用到相当紧张的地步，而政府能够随时应变，才不至于蹈秦代的覆辙。

汉帝国在西南一带的扩张，是一个长期而缓慢的进展过程。其基本形态是先打通道路，建立若干据点；汉人用贸易和移民一步一步渗透，直至填满南方和西南各地本来由少数民族居住的地区。这中间发生过一些战争，但规模并不大，而帝国的扩张却是持续和稳步地推进，最终西南和南部大体上都与中原核心地区联结为一。这一扩张策略和罗马帝国不同。罗马是先用军队征服一个地区，然后将罗马兵团留在当地，与当地的旧有势力共同执掌政权，自己的核心地区常常因此被掏空；而罗马兵团驻守的各处新领土，并没有和中央融合的机制，结果就是边缘逐渐脱离于核心地区，最终独立。

因此，西汉帝国的对外扩充，是建立在有充实的核心，而且有一个相当顺畅的信息回馈制度之上的。

东汉地方势力的膨胀

东汉是西汉王朝贵族的复辟，可是有一些相当重要的改变。这个王朝的核心地区和西汉王朝的核心地区，基本上是一样的。精耕细作的农业制度，经过西汉的发展，构成中国

汉画像石《胡汉征战图》。从上到下依次为追敌、杀敌、纳降、问讯，反映了汉代中国北方地区汉族与以匈奴为主的少数民族的军事冲突。

经济的基本形态。这种经济制度，最重要的资源是劳动力，以此来调动资源和增加农产品附加值，这种制度建立在完善的道路系统上。灵活的市场交换，施行察举制度的文官系统，在东汉发挥了更灵活的讯息回馈作用。

汉代的地方层次，因此有相当大的自治空间。可相对而言，这并不是民主制度意义上的自治，必然造成地方势力集团的膨胀。汉代地方的巨室大族，就是这种地方势力集团，可能延续好几代。于是，本来可以有助于中央地方平衡的机制，却转变为地方力量的坐大。再加上中央为了强化对地方的控制，在郡的上面添上了一层监督郡县的“州部”，可是“州部”权力的制度化，反而使每一个州有足够的资源和力量分割中央的权力。发展到后来，十三个州就不再是代表中央来控制地方，而是挟制地方，挑战中央。

东汉的外患也是北方草原的游牧民族。留在草原的南匈奴，本来和汉朝相当友好，可是在西部又出现新的力量。在河西走廊一带一直到青海大草原，出现了一些不太大的部落，当时称为羌人，他们正好扼住丝绸之路的交通要道，对汉朝的国际贸易及汉朝与西域的交通都形成威胁。这一批人数不多的羌人，并没有很严密的组织，却为汉朝增加了不少困扰。

可能由于气候改变的关系，草原上的民族（包括匈奴）慢慢地向南移动；核心地区的汉人，也许因为人口增加，也许因为南方土地肥沃，也慢慢向南移动。另外一个可能性是当时中国东部和中南部出现长期的瘟疫，究竟是什么疾病现在已经不清楚，至少可以判断的是天花和某种从中亚传入的不知名的疾病，除此之外还有多种疾病共同作用。这些疾病在气候比较温和与潮湿的地区蔓延很广，维持很长时间，造成人口的大量变动，少数民族地区最受影响。在东部和中部的汉人地区，可能因为死亡的威胁，人们都想逃避，于是侵入今天湖南、江西直到广东少数民族居住的山地，造成许多纠纷。汉政府不得不投入大量武装力量，一方面企图制伏羌人，另一方面也想打开南方。帝国的资源，因为这两项持续很久的战事，也颇为紧张。

前面说过，十三州部的逐渐独立，使中央能够运用的资源相对减少，以至于西面和南面本来规模不大的战争，却使得中央政府疲于奔命。两汉对比，制度上一点小改变，就可以使得帝国承受压力的能力有很大的不同。

“北方之乱”和全球气候变化有关

西汉是儒家思想由成熟走向正统的一个阶段，道家思想和阴阳家思想也已经被融合在儒家的体系之内，从此中国没有意识形态的困扰。东汉开始，经过丝绸之路进入中国的佛教，逐渐取得一般老百姓的信仰。在人民生活困难或者对于不可知的命运有所畏惧的时候，新进入的佛教向他们提供了儒家无法提供的心灵安慰。和佛教思想相当接近的道家，在这种环境下也忽然有了复兴的动力。尤其是在翻译佛家经典时，道家的名词，作为“格义”[1]被佛家借用，佛道两家因此成为既对抗又联盟的思想系统，足以挑战长久独尊的儒家。

从此之后，中国不仅仅只有儒家这一家意识形态，而是逐渐形成了三足鼎立的局面。尤其值得注意的是，这种分裂是有社会阶级性的，处于权力核心的人群一般都信奉儒家，处于权力圈边缘或以外的人则常常站在佛道一边。这种核心和边缘分裂的现象与罗马帝国崩溃前夕的状况极为相似：英国历史学家爱德华·吉本[2]认为，基督教的出现，首先也是在边缘人群中得到传播，从而削弱了罗马本身的传统理念。

从公元二百年到五百年，全球气候发生变化，与以往相比各处都变得更为寒冷，在中国北方地区寒冷气候出现得更早。东汉中期几次大规模打击匈奴的时候，恰逢北方温度剧降，以致匈奴人大批的牛羊死于大雪，连牛犊、羔

[1] **格义** 魏晋时期解释佛经的一种方法，其时佛经传入中国不久，一些佛教学者为了使它们易于传播，往往用中国哲学（主要为老庄哲学）中固有的概念和词汇进行比附和解释。

[2] **爱德华·吉本**（Edward Gibbon，1737—1794 年）英国著名历史学家，所著《罗马帝国衰亡史》主要记述自古罗马皇帝马可·奥勒留末年（180 年）至东罗马帝国灭亡（1453 年）间的史事。该书是启蒙时期的史学代表作之一。

羊都接不上明年的春天。同样寒冷的西北地区，羌人和其他的少数民族也大量渗透进入汉族地区，甚至取代了当地居民，其根本原因也是气候变化。所以在东汉末年，西部边防军董卓跋扈，启动了东汉的崩溃；而中原东部，在今天山东、河南和苏北地区爆发的黄巾军起义，却是宗教教派发动的大规模抗争。这些地区，在中国也是比较寒冷的地方。稍微南部一点的百姓可以向更南移动，而这些华北的老百姓，后面有北方少数民族的压力，前面无路可走，又有宗教信仰作为结合的动力，于是“黄巾起义”规模之大，史无前例。

整体而言，秦代和两汉三个阶段可当作一个大帝国来看，它延续了四百多年。到三国以后，中国长期扰攘三百多年，局面才逐渐澄清，开始隋唐帝国的时代。西晋之始的北方之乱百余年，也正是世界气候史上中古的大寒冷时期，在欧洲历史上引发了所谓“蛮族大入侵”，而发生在中国晋朝时期的北方少数民族之乱，其实都和全球气候改变有关。气象学专家，例如竺可桢先生等人，根据冰川遗迹、格陵兰冰层、加州红木年轮等各种资料，都认为这一段时期是北半球最寒冷的时期，也是中国动乱最剧烈的时期。

第三章

征服王朝与胡汉双轨制

公元二百年到约公元六百年，是整个地球的寒冷时期，甚至可说是小冰河期。北方的族群都受寒冷气候的影响纷纷南移，骨牌效应使得后面的族群推动前面的族群，一波一波地往南推。到了气候温暖地区，人口众多，新来的北方族群侵入了南方，也可能往东、往西蔓延出去。西欧历史上的“蛮族大入侵”就是发生在这个时候，从此以后，欧洲的人口面貌完全改观。同样在中国的北方，也有大量的北方族群侵入南方，持续三四百年之久，就是中国历史上的西晋时期。一般历史书上说，这一时期是中国最为混乱的时期。其实，这一波族群入侵不仅改变了中国本来的人口结构，同样，中国北方原来的人口在骨牌效应下，也一波一波地不断南侵，改变了南方的人口结构。

征服王朝都是两种制度的混合

三国时期的中国谈不上什么大帝国。西晋、东晋时期前后建立了十六个小国，大多数也不能算是帝国——至多前秦[1]可以算一个，它曾经统一了几乎整个中国北部地区。不过，这些小国却有值得注意之处：它们的领袖都拥有两个头衔，一个是“大单于”[2]，一个是“大皇帝”，前者意指胡人的领袖，后者是中国的皇帝。这种双轨的体制，在中国历史上一直沿用许久，除了宋明两代以外，所谓的“征服王朝”[3]，包括采用“混合体制”的唐代都是双轨制。这种体制的特点是讯息的向下传达和向上回馈都经过不同的管道，会产生讯息混乱的毛病。

东晋后期，北方的局面逐渐澄清，鲜卑人拓跋氏建立了北魏王朝。北魏疆域广大，不仅统一了中国的北部，也统一

---

❶ **前秦**　十六国之一。352 年苻健称帝，定都长安。盛时疆域东至大海，西抵葱岭，南控江淮，北极大漠，东南以淮、汉与东晋为界。394 年为后秦所灭。

❷ **大单于**　本为匈奴最高首领的尊号，但在西晋末年、南北朝时期，又被一些少数民族官员采用为一种虚衔，一般有大单于封号就有权力号令少数民族。

❸ **征服王朝**　美国汉学家魏特夫（Karl A. Wittfogel）提出的历史学名词，意指中国北方民族在中国本土建立的朝代。

嘉峪关四号墓魏晋砖画。从上到下依次为耕地、蒸馍、牧马、仕女，反映了魏晋时期西部地区胡汉融合的情况。

了草原和沙漠地带。经过好几代的涵化[1]，北魏逐渐变成中国的王朝，可是北部沿边地带却保留着相当程度的胡人文化，甚至于中央派到那里去驻守的军人，也变成胡化的汉人。北齐的高氏，就是从今天河北搬到北方去的汉人，后来却完全以胡人的姿态出现。北魏、北齐、北周三个朝代的统治者，始终在汉化与胡化之间摇摆不定。北魏本身的汉化，经过了相当复杂的程序。在孝文帝时代，完成了制度上的汉化，先解散北族的部落制度，再建立汉人社会的官僚制度；可是，沿边的六镇[2]却始终不愿意汉化，最后六镇反扑，取代拓跋政权，建立了北齐、北周。北齐、北周的六镇集团，本身就是胡汉混杂的军阀们。

鲜卑人建立的三个王朝，统治疆域不算小，内部并不和谐。汉人社会只在表面上接受胡人政权，即使胡人已经汉化了，汉人还是在各地建立起相当程度上自治的小区，国家其实无法对其进行有效的统治。胡化的军阀们，更是回到以军事组织为名的部落组织。所以，这些王朝在几百年里不断地调节和重整，从分裂中寻求整合。

---

[1] **涵化**　指不同文化相互接触而引起的原有文化模式的变化，是文化变迁的一种主要形式。

[2] **六镇**　北魏初为防御柔然，在都城平城（今山西大同）以北，阴山以南，设置的六个军镇，自西而东为沃野、怀朔、武川、抚冥、柔玄、怀荒六镇。

文化的冲突和重整

这种征服王朝面临的文化冲突和重整，在中国历史上不仅限于这一次而已，往后历史上的几个征服王朝，无一不要处理同样的难题。而且，因为它们处理的方式不同，得到的结果也不一样。过去的历史教科书上总是说胡人进入中原就被汉化了，其实不然，整个中原也是在不断地接纳胡人文化，逐渐改变、丰富汉人的文化性质。

单以衣食住行及日常生活而言，北方游牧民族南下带来的影响是很深远的。汉代的席地而坐逐渐演变成坐在椅上、睡在床上，进门脱鞋也变成穿鞋入门；房间的高度增加了，窗户的位置也提高了；以穿衣服而论，宽袍大袖改变成窄袖长衫。这些改变都是两个文化混合后的结果。

在政治上，胡人统治者对其他的非汉人，即使不是自己的族群，也觉得亲切一点。因此，胡人帝国与中原四邻的心理界限相当模糊，这甚至于影响了他们对信仰的选择——胡人觉得印度传进来的佛教也是一种胡教，是他们感觉比较亲切的宗教，所以他们对佛教的庇护，往往比汉人政权要更为积极。佛教在南北朝时期的迅速扩张，有不小的成分是因为胡人统治者的接受和拥护。

这种信仰的取舍与族群的认同之间的相关性，在别的国家的历史上也可以看得出来。欧洲接受基督教是在蛮族入侵

云冈石窟《太子乘象》。佛教在南北朝时期迅速扩张，始建于北魏时期的云冈石窟即为此一时期的佛教艺术代表作。

时，罗马军队有不少蛮族的兵丁，他们信仰基督教促成了罗马皇帝君士坦丁[1]接受基督教为国教。再有一个性质不太相同的例子：近代日本侵占了朝鲜，很多朝鲜人选择信仰基督教，以排斥日本式的佛教和神道教。这个例子的结果相反，但深层的心理动因却是相同的。

唐代的胡汉双轨制与文武分途

隋唐大帝国，尤其唐代，一般都被认为是中国正统的朝代，其实也有胡汉双轨制背景。唐代的府兵制[2]并不是全面征兵，而是将北魏军人集团按家户分散在各地，他们拥有土地，也有农奴，是由民间维持的军人世家，他们基本上都是胡人集团的后代。唐代府兵制和均田制有相当大的关系，这可以在今天的新疆地区找到其存在的证据，但在广义的南方，我们至今还没找到同样的痕迹。

唐代开疆辟土，北方和西方的胡人称唐太宗为“天可

---

[1] **君士坦丁**（Flavius Valerius Constantinus，约 280—337 年） 即君士坦丁大帝，古罗马皇帝，306—337 年在位。313 年曾与李锡尼共颁《米兰敕令》，承认基督教的合法地位。

[2] **府兵制** 中国古代兵制，该制度最重要的特点是兵农合一。

汗”[1]。因此，唐代的政权包括两个部分，除了汉人之外，还有广大的胡人族群，从今天的东北延伸到今天的中亚，在他们的心目中，李家皇帝是“天可汗”，也就是说，李家其实也是胡人，才能统治胡人地区。唐代的军人有很多是外邦人，高仙芝是朝鲜人，安禄山是东北的杂胡。“安史之乱”以后，叛军的首领几乎都是有胡人背景的。政府自己的将领们也有不少根本就是胡人，如李光弼、仆固怀恩，甚至于郭子仪的朔方兵[2]里也有很多回鹘人，他们的后勤补给（尤其马匹的供应）靠的是回鹘人。“安史之乱”后一直到唐末，今天的华北一直到东北这一带，不听中央号令也不读孔孟之书，基本上是一个胡化地区。

但另一方面，本来以北方为基础的隋唐政权统一了南方。他们是以汉人身份统一中国的，对南方的士大夫非常优礼，对南方保留的中国文化也十分尊敬。所以，唐代政府的文人官僚有很大比例是南方的世族，而科举取士也以南方为多。南北佛教的统一，实际上也是以南方为主轴；同样的情形见于南北道教的统一，南方的道教传统也是占了上风——这广

❶ **天可汗**　“天可汗”是唐代少数民族首领对唐太宗的尊称，太宗皇帝成为当时天下的共主。

❷ **朔方兵**　朔方，唐方镇名，治灵州（今宁夏灵武市西南），玄宗时边防十节度使之一。“安史之乱”时郭子仪任朔方节度使，所率军队即为朔方兵。

义的南方包括今天的中南半岛和中国西南地区。在音乐、工艺和医药上，都是南方成分占了强势地位。

这种南北文化的双轨制，使得唐朝的治理呈现出文武分途的局面——唐代的节度使基本上是直接听命于皇帝，并不很受政府的节制；而中央政府的官僚，不是北方汉人就是南方人士，他们对于中央讯息的回馈，反映的是文治地区的百姓生活，往往不能够反映胡化军人地区的实况。“渔阳鼙鼓动地来”[1]，而中央并不很清楚北方已经起了乱事，这个责任不能完全怪罪于杨国忠蒙蔽圣听，当时的朝士们其实也不是特别清楚北方已经离心离德。大乱之时，战争几乎都在中原发生，南方相对而言是安定的，“安史之乱”几可说将一个中国分成两半。

唐代的官僚系统和汉代不太一样，汉代的察举是全国性的，唐代选士却是由各地的士人群集首都，再由中央政府选出一些贤才。这一批文官，往往集中在一些官僚派系的大家族，或者是他们垂青的才子，他们并不具有全国的代表性，不能带来各地的讯息，而各地也没有人替中央做倡导和解释政府政策。唐初情形还好，“安史之乱”以后，地方当局有

---

[1] **渔阳鼙鼓动地来** 语出唐白居易《长恨歌》：“渔阳鼙鼓动地来，惊破霓裳羽衣曲。”唐时安禄山驻军在渔阳（今天津蓟州区），鼙鼓指军中用的小鼓，渔阳郡响起了战鼓，指安禄山举兵叛唐事。

权力自己以中央的名义委任官员，甚至于以中央官员的名称留在当地。例如，杜甫是经过四川的地方长官委任为中央工部员外郎❶的，但他根本没有在中央担任职务，只是在四川听差遣而已。这样的官僚集团，实际上也没有办法真正按照唐初设计的中央体制执行政令。相对来说，唐代地方政权有相当大的自主权，很多事情不用请示中央，就在当地自己决定了。他们也有权力调动当地的资源，做一些地方的建设，不必获得中央的许可。

唐代处理西方事务的策略

唐代双轨的体制，使得政府不得不关心许多西域民族的事务。唐代西方多事，尤其是在伊斯兰教忽然崛起之时，自西方往东方扩张使得中亚一片混乱，这对中国有骨牌效应。唐朝在中亚一带总共拥有二百多个羁縻州府❷，都是中亚的地方部落取得唐朝的官号，唐朝不过派一个都督，表面上监

❶ **工部员外郎**　工部为隋唐六部之一，掌各项工程、工匠、屯田、水利、交通等政令，长官为工部尚书。于各部之下诸司设员外郎一人，为各司之次官。

❷ **羁縻州府**　唐、宋、明各朝在少数民族地区设置的地方行政单位。由中央任命各族首领为都护、都督、刺史、县令，世袭，受都护府、边州都督或节镇统辖。

督而已。唐将高仙芝与黑衣大食[1]战于怛罗斯河[2]，唐军大败，唐朝从此丧失在中亚的控制权。那许多被打败的部落大批奔来中国，中国必须给他们一个安置，只能安插他们在广大的北部，从今天的甘肃、宁夏，一直到山西、山东，都有这些中亚部落的后代居住。这是“天可汗”头衔要付出的代价，因为在胡人心目之中，“天可汗”确实是东亚各种胡人的总领袖。中国人的血统之中，因此增加了许多中亚和内亚[3]的成分。后世北方的汉人，其中许多人都有中亚胡人的基因。

传统的中华帝国是天下国家，应当只有远近、没有界限，上述“天可汗”的功能，其实也是源于它是一个天下国家。中唐以后，中国以西有许多强邦，西藏的吐蕃在唐初就忽然兴起，同时青海大草原上的吐谷浑也忽然强盛。这两个大部族的兴起，可能是因为天然气候的改变使青海西北一带水草丰美，也可能因为从隋唐开始丝绸之路重新畅通，丝绸之路

---

❶ **黑衣大食** “大食”本阿拉伯一部族名，波斯人用以泛称阿拉伯人。自唐代起，中国史籍常以大食称阿拉伯帝国。因阿拔斯王朝旗帜尚黑，故中国史籍称之为黑衣大食。

❷ **怛（dá）罗斯河** 怛罗斯，古城名，故址在今哈萨克斯坦东南部江布尔城，唐时为西域交通中心之一，天宝十年（751年）唐将高仙芝与黑衣大食（阿拔斯王朝）战于此，史称“怛罗斯之战”，自此唐朝逐渐丧失对中亚地区的控制权。

❸ **内亚**（Inner Asia） 欧亚大陆的内流河区域，历史上与中亚、蒙古、西藏文明相对。

旁边的部族都得到了过路财神的利益。唐初花了不少气力才平定了吐谷浑，唐军损失也不小。杜甫的诗“君不见青海头，古来白骨无人收，新鬼烦怨旧鬼哭，天阴雨湿声啾啾”，就是描写唐军曾经在讨伐吐谷浑的时候损失十几万。

吐谷浑平定了，吐蕃没有旁边的对手就开始迅速扩张，唐代不得不下嫁文成公主，以此换取和平。唐蕃会盟碑文表现的是两个平等政权之间的约定——吐蕃不是“天可汗”的属下。突厥的后人分散为许多族群，在中亚一带忽分忽合，他们是前面提到的那些羁縻州府的主要组成部分。但面对新兴的回鹘和伊斯兰教派的大军，他们大批迁入中国，于是西方至少有吐蕃、回鹘和伊斯兰教派的大食三个大邦。

到中唐以后，中国在西方的事务上不再能以天朝上国的姿态应对了。面对这些强权，唐朝干臣李泌[1]的政策是远交近攻，在这三个西方大邦之间，联结两个打一个，联结一个打两个，采用的是十足的国际政治手腕，不再是以大帝国的姿态君临天下。

唐代的对外贸易十分活跃，陆路有许多说粟特[2]语的商人经过丝绸之路往返贩卖，他们也有不少在中国落户生根。

---

❶ **李泌**（722—789 年） 唐代大臣，位至宰相，多谋略，曾为肃宗筹划平定安史叛乱。

❷ **粟特** 中亚细亚古地区名，其居民经营农牧业及商业活动，往返于丝绸之路两端。粟特语是当时中亚国际贸易的通用语言。

安伽墓的《宾主相会》屏风摹本。安伽曾任北周同州（今陕西大荔县）萨宝一职，此图上半部分为两队首领相会图，下半部分为两人博弈图。

唐政府对他们的管理方式是委派他们自己选举的“萨宝”管理内部事务，有点像今天外国侨民的领事官，只不过是他们自己选举的领袖而已。这种处理外朝事务的方式，从唐朝一直延续到清朝。同样地，经由海道出入中国的海商，大多数是阿拉伯人或犹太人，唐政府也是让他们的宗教领袖管理这些居住在中国的大批外商人户。这些制度又一次说明了一国多制的管理形态和传统的天下国家相当不同。

贵族社会的终结

唐朝的覆亡,是个漫长的过程。自从“安史之乱”以后，唐朝就没有安定过，不过唐朝真正走向灭亡，应当是唐末的大规模农民战争导致的。在“黄巢之乱”前后，发生过不止一次的大规模农民战争及农民叛乱，通常是因为农民活不下去了。唐末的气候并不寒冷，照说不应该有过不下去日子的情形，也只能是因为课税太重，而政府上层不了解民情，百姓实在没法忍受的时候，才会铤而走险起来造反。前面我们讲到汉朝统治结构的中央神经系统和末梢神经的对应关系，唐朝虽然已经有了科举制，吸收了大批民间的才智之士进入政府，但是唐朝终究还是一个贵族统治的社会。《二十四史》只有唐史部分有所谓的《宰相世系表》，这说明唐朝政府的上层是由一小群贵族长期垄断的,那些来自民间的科举进士，其中不少也是贵族的子弟。更何况，科举出身的寒士很难真正进入决策阶层。另外一方面，唐朝的地方官员在回避本籍的制度下都是外来者，对地方情形并不了解，而且又经常更换职务。因此，汉代地方官员可以承担的回馈信息的职能，在唐朝并不能实现。于是，小乱变成大乱，大乱连续不断，那么庞大辉煌的朝代，也就在农民的锄头和镰刀下，分裂成许多小国。

唐朝的制度并不是一条鞭到底的中央集权，对于不同的族群有不同的治理方法，甚至于不同的容忍方式。同时，中国的南方和北方在唐初似乎是统一了，但是实质上“南北朝”的划分并没有完全消失，“安史之乱”以后，虽然南北都在一个政府的法理统治之下，但南北之间的生活方式和社会制度其实相当不同。这个南北的差异，在中国的后世历史上延续不断，只是程度的强弱不同而已。我们一直以唐代和汉代相比，我个人曾经说过，汉代厚重，唐代宏大，“厚重”可以说是充实的一块，“宏大”却是松弛的一片，汉唐的发展，终究是不一样的。

第四章

无效率的宋代

从本质上看，宋代只不过是残唐五代的延续。之所以没有短命而亡，只是因为宋太祖断绝了武人专政的传统，才建立了一个国祚长久的宋代。宋代的文化和社会经济的确和唐代有很大的差别，然而又有许多可见的延续性。因此，中国近古的历史究竟是延续还是断裂，就成为历史学家辩论的课题了。我们有时候拿宋代当作近代中国的开始，日本学者内藤虎次郎[1]第一个正面提出宋代的现代性这个问题，到今天还在许多学术讨论会上辩论不休。

[1] **内藤虎次郎**（1866—1934年） 即内藤湖南，“湖南”为其号，是京都大学东洋史学科第一代教授，亦是日本京都学派的开创者。

列国体制下的宋代

所谓现代性包括：城市化、贵族的消失和经济生产方式的改变。我认为我们应该把宋代中国看作列国体制中的一个国家，而不再是天下国家，甚至于后来接上去的明清也不是和汉唐一样的天下国家了。这些改变，使宋以后的中国呈现另一个形态，但究竟这形态是不是可以和欧洲近代史上的特色完全等同看待，却还是一个值得辩论的问题。

在宋朝的外围，有辽金元，有吐蕃、大理、西夏、高丽，还有南方许多小国家和海外的日本，这许多政治共同体并不归属于一个大的天下系统，宋代皇帝并不是天子，也不是"天可汗"。在列国环伺之中生活，宋朝必须尊重一定的国际关系以及规律。当然，宋朝自己以为是天下的共主，那也不过是一个虚假的幻想而已。反而，宋朝必须不断地向辽人、金人进贡，甚至于也必须向疆域很小的西夏年年送上丝帛。

宋代的经济却是十分地发达。东方和南方的海外贸易为宋人赚取无数的财富，甚至于宋朝和北方的西夏、辽国之间，也有转口贸易的利润——将南方海外的香料转运给北方，让它们再进一步转运到欧洲。海外贸易的兴盛刺激了中国的内部生产，宋代的冶铁数量在当时整个世界应该是数一数二的，其他如制造瓷器、丝绸、茶叶、酒类以及各种工艺品，数量之大、种类之多也是惊人的。也因为这些，宋代面对强大的北方敌国可以用金钱和丝帛换取和平。而在完全失去北方以后，偏安在南边的南宋，地方小了，人口少了，生活条件居然比过去还好。

宋代政府无效率

宋代的中央政府管理体系多头分权，效率并不很高。但是，宋代没有贵族，皇室和后族基本上都不参与政治，政府是由科举出身的文官组成的。文官们有一定的文化素养，也有一定的办事能力。但是，宋代整体讲起来，并不是效率很好的政府。整个宋代有那么多著名的文人和思想家，可是真找不出一个像样的政治家。政府内部党争不断，许多贤达之士就在党争之中冲销了彼此的贡献，甚至于因此而牺牲了。宋代并没有管制思想，也没有官方钦定的理论，可是那么多思想家的自由竞争，并没有真正形成一个像西方启蒙时代一样的风气。

宋代的士大夫都出自民间，可是，政府的决策却不一定反映民间的实际情形。因此，前面我们曾经讲过的政治体制的神经中枢和回馈系统的问题，在宋代一样存在。只是问题的所在，不是回馈和交流的断裂，而是在多种回馈之间神经中枢找不到有效的应对措施。在政治学和社会学上，这样的

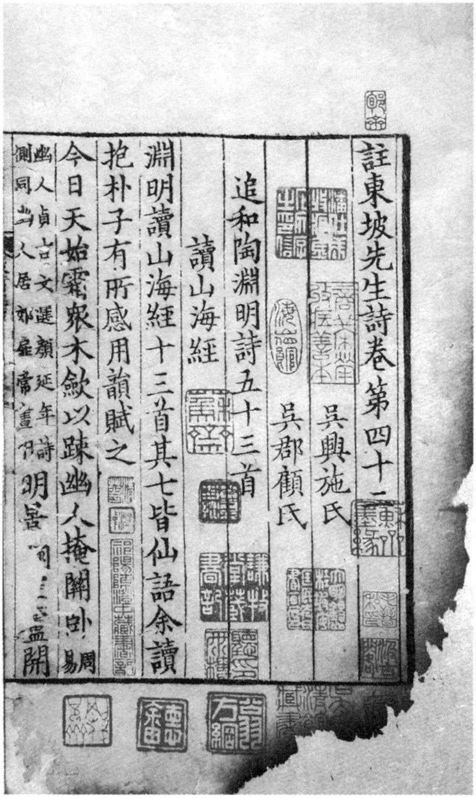
註東坡先生詩卷第四十二
吳興施氏
吳郡顧氏
追和陶淵明詩五十三首
讀山海經
淵明讀山海經十三首其七皆仙語余讀
抱朴子有所感用韻賦之
今日天始霽衆木斂以疎幽人掩關卧

《注东坡先生诗》宋嘉定六年（1213 年）刻本。宋代产生了许多著名的文人和思想家，但他们大多陷于党争之中，苏轼就曾卷入元祐党争。

现象是相当奇特的。相对而言，宋代的地方层次，包括州县甚至于乡里和家族，都有比较大的自主权，这一权力往往是掌握在一些士大夫或地方豪强手里。毋宁说，宋代是一个复合体，包括许多较小的自主单位。陈寅恪曾经说“天水一朝[1]思想最为自由”，我想他所谓的自由，毋宁说是在这小单位层次的自主性。可是在小单位之内，不论是士大夫或地方豪强，都还是一种专断的权威，不能等同于现代的民主自由。

相对于汉唐两个朝代，宋代不是弱，也不是贫，而是无效率。小民百姓在他们所属的单位之中不见得有真正的自由和权利，可是他们可能享有小群体对个人的照顾。比如说，家族有族规，小区有社约，其中最主要的条件，就是给小区或社群的成员一定的约束，也有一定的保护。

从唐代体制转变到宋代的确有断裂的现象，但也是经历了一段过程，才逐渐蜕变而成的。残唐五代，虽然中国解体，可是许多地方单位和族群单位却是小民百姓能够在乱世生存的依靠。五代时候，南方的小国家最多不过今天一个省份那么大，甚至还有更小的，但它们在保境护民的口号下也确实发展了经济，使这个小地区的老百姓有存活的机会。而当时

---

[1] **天水一朝**　宋朝的代称。历史上赵姓宗族最著名的聚居地是汉朝的天水郡（今甘肃天水）。

南方海路的开通，使东南地区的小国都可以获得国际贸易的利益。这些条件放在一起，也许就使得宋代的散漫，居然变成了它的另一种优势。

第五章

辽金元：没有管理体系的征服王朝

在一般中国历史谱系上，说完了唐代接着就会说宋代，这是中国的正统历史观所决定的。但如果按照历史本身发展的规律来看，从辽金元开始讲则更为合理，因为它们是有延续性的。它们不仅据有中国领土的一半左右，辽国的出现时间甚至比宋朝还早。

辽国是一国两制的二元体制

辽金元都是从北方攻入中原的边疆民族建立的国家，建立辽国的契丹人早就渗透了宋朝的北方。在“安史之乱”以后，原来边防驻军的地区，契丹人已经充满了宋朝军队，但后续的契丹民族还是一波一波地进入中原。在唐代分裂的时候，契丹人的力量已经非常强大，以至于根据地在北方的五代，都要联络契丹人，甚至向契丹臣服。石敬瑭割让了燕云十六州[1]，于是契丹人建立的辽国间跨宋朝和塞外的土地。

正如以前讲过南北朝的情形，辽国也是一国两制的二元体制。国内分成南北两部分，北方是以胡法治理，南方是以汉法治理，两个政府平行存在。北方是部落，南方是州郡，不过州郡之中，穿插了许多以北方胡人军队驻防的地区，称为“投下”或者“头下”。辽国的皇室，世世代代是耶律氏和萧氏通婚。京剧里面的萧太后，就是许多萧氏后族之中的一个。这样的一个国家，上下之间的隔绝是在所难免的。下层的信息回馈可以说完全没有，不过正因为是征服王朝，本来就是用武力统治，也就说不上上下沟通了。

辽国被东北的后来者女真征服。女真反叛的原因，也就是因为整个征服王朝对于非我族类的其他异族都横征暴敛，本来是契丹人同一族类的女真人，也受不了契丹人的统治。另一方面，一半契丹人和一半汉人构成的辽国，终究躲不开汉文化的影响，几百年的统治，大多数的辽国上层人士也逐渐丧失当年的勇武之气。面对忽然崛起的女真，辽国的王朝体制完全无法处理突发的危机。只有一些没有离开北边的契

[1] **燕云十六州**　石敬瑭割让给契丹的十六个州的总称，它们位于今天北京、天津以及山西、河北北部。

辽代张匡正墓《备茶图》。图中契丹族仆人正在为主人煮茶，女性着汉式服装，说明辽代官员的生活已经相当汉化。

丹人，在辽国覆亡之后逃往中亚，在那里建立了西辽[1]，居然也维持了近百年时间，号为强国。这一个西辽，在中亚族群的心目中却是另外一个中国，号为四个“桃花石”[2]之一。因此，辽国的兴亡，真是一部文化冲突和文化适应的故事，也许辽国两边都没有顾全，但也许他们在两边都搭上了边。

女真人也是通古斯语系[3]的民族，和鲜卑、契丹基本上是一个语系。在契丹人进入中原以后，女真人慢慢扩大，占据了今天东三省大部分地区，但还是臣服于辽国。正如前述，他们受不了契丹人的横征暴敛，终于起兵打败了契丹人。金人的战术常常是轻装骑兵远道奔袭，千百里外一群群骑兵小部队集合为大军，忽然出现在敌后，他们也没有后勤补给，因敌之粮，来去如风，不仅占领了契丹人的辽国，而且攻进宋朝的北部，占领了中原。这个王朝，也是采用一国两制的方法，在占领区设立了许多驻防基地，所谓“猛安”“谋克”[4]

[1] **西辽** 1124 年辽国宗室耶律大石率部西迁，同年（一说为 1131 年）在起儿漫称帝，疆域北至巴尔喀什湖一带，东至喀什噶尔、和阗，西达阿姆河，1218 年为蒙古所灭。

[2] **桃花石** 通常认为是突厥语对中国的称呼，见《长春真人西游记》（卷上），其语源在学术上尚无定论。

[3] **通古斯语系** 世界语言分类中阿尔泰语系下的一个分支，包括历史上的女真语、满语、蒙古语等。

[4] **猛安、谋克** 历史上女真族的社会组织单位，具有军事、生产、行政合一的特点。一猛安包括八至十个谋克。

都是驻防的武将，不在文官体系之内。女真人在中原待的时间不算长久，大部分很快就被汉化了。这个征服王朝也没有什么真正的管理体系，当然也谈不到上下信息的交流。

成吉思汗大帝国的构架没有章法

俗话说“螳螂捕蝉，黄雀在后”，金人的后面是蒙古人，蒙古人消灭金人，就像金人消灭契丹人一样。蒙古人的起源地在今天的内蒙古东部，其实是一个许多草原民族组成的混合体。他们是游牧的民族，在草原上逐水草而居；而辽金都是农牧混合型文化，因此蒙古人的勇武更胜于辽金。

出生在漠北草原斡难河上游的铁木真，1206 年春天建立“大蒙古”国，此后多次发动对外征服战争。1260 年，忽必烈在开平即汗位，建元中统。1271 年，忽必烈改“大蒙古”国号为“元”，成为大蒙古国的末代可汗，同时也是元朝的开国皇帝，尊号“薛禅汗“。次年迁都元大都（今北京）。随后举兵南下，1279 年灭亡南宋。

随着蒙古大军对中亚、波斯、高加索地区和东欧大平原等地的征服，成吉思汗的子嗣们在占领地区逐渐形成了钦察汗、察合台汗、伊利汗和窝阔台汗等宗属国，并得到宗主国元王朝的认可，史称“四大汗国“。这些汗国后来都分别吸收当地的文化，发展出不同的面貌。因此，两代以后，蒙古帝国已经四分五裂了。各部分的蒙古族人也分别为当地文化同化，接受了不同的宗教，使用了不同的语言文字。他们最后的一个支派重新复活，成立了印度次大陆上的莫卧儿帝国[1]，后被英国吞并。英属印度的许多土王都带汗号，大多数都是旧日蒙古王公的后代。

元世祖忽必烈吸收了中原汉文化，元朝的统治结构是二元体制，有汉人的府县，也有蒙古驻军的万户和千户府，而且这些驻军称为签军[2]，往往并不是蒙古人，有很多是东来的色目人。蒙古贵族利用色目人上层和富商大贾作为压迫与剥削中原汉民的帮手，如花剌子模人牙剌瓦赤，不花剌贵族赛典赤瞻思丁，富商奥都剌合蛮、阿合马等，都在统治机构中担任很重要的职务。移居漠北与中原各地的色目人被允许保留自己的宗教信仰，在其聚居地上建立清真寺，伊斯兰教教师答失蛮、苦行者迭里威失，享受与僧道、也里可温同样的免税待遇。但一般的伊斯兰教徒——木速鲁蛮则同编民一样要交纳赋税，负担差发。中原文化的影响改变了元朝；同时，中国土地上的人口结构，也忽然添加了一些中亚和北方的成

---

❶ **莫卧儿帝国**　1526 年兴起于印度半岛北部的伊斯兰教国家，最盛时征服了整个德干高原。1857 年其末代统治者为英国废黜，王朝终结。

❷ **签军**　金代每遇战争或边事，签发汉人当兵的制度，谓之签军。元初签军的范围则不限汉人，许多中亚外族也被签发当兵，后发展成为对驻军的称谓。

分，北方草原民族的风俗也又一次进入中国人的生活。这个征服王朝，也是用暴力镇压来统治，谈不上和中国底层人口的交流。因此，在元朝末年，群雄四起，都是农民的叛乱。其中，朱元璋接受了红巾军[1]的力量，终于在中国建立了又一个汉人的朝代——明朝。

[1] **红巾军**　元末农民利用白莲教组成的起义军，以红巾包头和红旗为号，当时亦称红军或香军。

第六章

明清：最专制的中枢神经

朱元璋击败群雄后兴师北伐，从蒙古人手里取回了中国的本部，又建立了汉人王朝。明太祖从一个普通的老百姓起家取得天下，他自己觉得像汉高祖，因此，明代的体制有不少是仿照汉制，可是也有它自己的特色。比如，像锦衣卫这种以太监组成的特务机构就是汉代没有的。

重建文官系统

明代重新建立了一个文官系统，仿照汉代的察举制在各处罗致国子监监生[1]，担任中央和地方的职务。第一批的

[1] **国子监监生** 国子监，明清两代的最高学府和教育管理机构，国子监学生称监生。

文官其实并没经过考试，直接在职务上实习。很快，明代恢复了科举制度，从秀才一直到进士，三个阶段连续考试，晋用考生中成绩最好的考生。可明代科举制和汉唐甚至宋代的制度都不太一样，它有明文规定各地的配额，尤其是划分南榜、北榜的政策，使得南方考生不会超过北方太多。各个州县也有一定的配额，即使面积最小、人口最少的县，也会有人才被录取。这个安排，显然是为了取得各地的代表在政府之中担任职务。我们前面已经说过，一个政府的效率高低，既取决于神经中枢的效率，也取决于地方回馈给中央的讯息周全和准确与否。明代设计的这种科举制度，相当于今天民主制度选民意代表，普遍地能在全国各处都有替当地发言的人物。

明代的中央政府，本来也是有内阁和各部，上面一个宰相，皇帝只是委任宰相办事而已。可是朱元璋不太信任人，同时并起的伙伴，不管文臣武将，到了晚年几乎被诛杀一空。当然，朱元璋也废除了宰相，自己直接管辖六部。这种制度，神经中枢必定相当空虚，因为一个人不可能顾全所有的国事。到了明成祖时代，用了一批官职不高的读书人担任他的内阁学士，用今天的话讲是组建了一套秘书班子。这些人有起草诏书、替他先阅读奏章以及做摘要的任务，但决定权在皇帝

明成祖朱棣（1360—1424 年）画像。明成祖任用一批官职不高的读书人担任内阁学士，协助处理政务，于是内阁首辅慢慢成了事实上的宰相。

自己。于是，内阁首辅[1]慢慢成了真正的宰相。此外，从明成祖开始，皇帝信任宦官，任命他们担任内外的特使职务，在外监军的都是宦官，他们也管理各种属于皇室的财政单位。对内，慢慢地皇帝不太信任已经成为宰相的内阁学士，在宫内就设立了任用宦官的内廷秘书处，也就是所谓的司礼监，由司礼监的太监在内廷替皇帝读奏章、写诏书。这两批人基本上都没有制度上的权力，但是他们代表了皇权。明代皇权独尊，超越过去的汉唐和宋代。明廷的臣子，皇帝要杀就杀，要打就打，全无尊严可言。

这样的一个中央神经系统，其实是不健全的。即使有相当周延的讯息回馈系统，两大系统之间配不上套也不行。皇帝自己就设了以宦官为主的情报网——锦衣卫和东厂，直接刺探民情、监督官员。

思想控制巩固皇权

明代科举以考核举子对儒家经典的掌握程度为主，但是朱元璋最讨厌孟子，认为孟子“君视臣如草芥，则臣视君如

[1] **内阁首辅**　明成祖命官品较低的翰林院编修、检讨等官入午门内的文渊阁当值，称为内阁。仁宗以后，内阁权威渐高，入阁者实际掌握宰相权力。明人习称内阁首席大学士为首辅。

寇仇”的观念不利于君主专制。因此，明代科举所用四书五经中的一部分是挑选过的简本，删除了许多不利于皇权的章节。经典的解释，也以朱子的注疏为主，以保证纲常不变。这样子选取的举子，当然都是今天所谓的“乖乖牌”，对皇帝只有效忠，不敢怀疑。儒家思想的僵化，可能就是从这个时候开始的，以至于王阳明想要重新解释儒家，却不能与官学的系统对抗。清代完全承袭明代的科举制度，也承袭了明代对儒家思想的僵化控制。本来是以人性为主，强调人格也强调公平正义，具有革命性的儒家，从此以后成为统治者的工具。这一印象一直延续到“五四”，儒家一直被人看作维护官家权威的思想系统，真是冤枉了孔子、孟子。因此，明代的官员论志气和操守，都是顺从多于抗议，直到明代晚季东林党兴起，才有儒生站起来反抗政府。可是进入清代，又一次打击了儒生的反抗精神。

明代的兵制，一方面承袭了唐代的府兵制，另外一方面也承袭了辽金元征服王朝的驻防制度。设立的卫所遍及全国，在边境为国防需要，在要地是为了牢牢地控制住地方。这些卫所，都有世袭的军官和兵士，在一定的地点，政府划给他们土地让他们自己耕种，养活自己。到了战争的时候，从各地卫所抽调军人，再从中央都督府派遣将领，统率各处调来的卫所单位。这样子的兵制，将不专兵，国家也不需要另外支付养兵的费用，但仔细审查其精神，明代的卫所制度还是

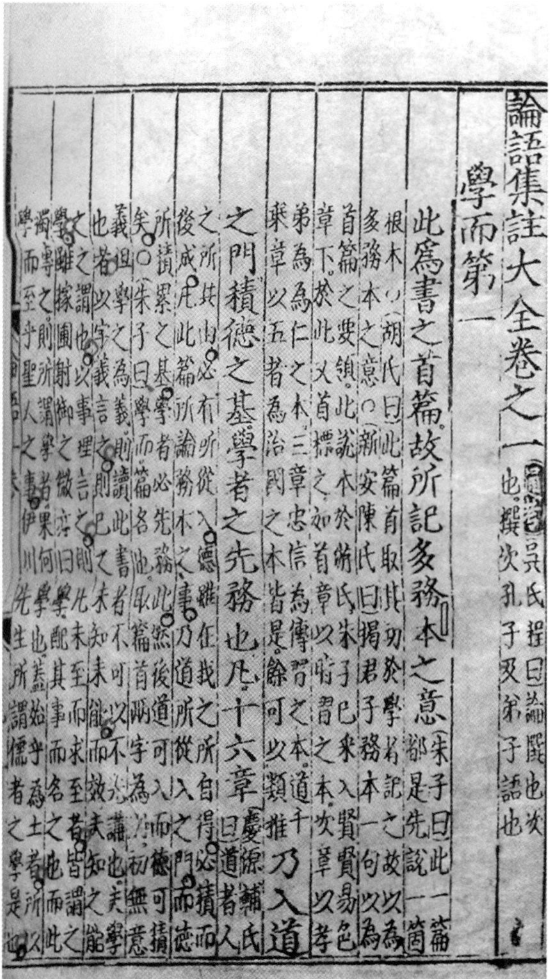

論語集註大全卷之一

吳氏程曰論語題也次也撰次孔子及弟子語也

學而第一

此爲書之首篇故所記多務本之意朱子曰此一篇都是先說一箇根本○胡氏曰此篇首取其切於學者記之故以爲多務本之意○新安陳氏曰揭君子務本一句以爲首篇之要領○此說本於謝氏朱子已采入賢賢易色章下○於此又首標之如首章以時習之本次章以孝弟爲爲仁之本三章忠信爲傳習之本○道千乘章以五者爲治國之本皆是餘可以類推乃入道之門積德之基學者之先務也凡十六章慶源輔氏曰道者人之所共由必有所從入德雖在我之所自得必積而後成凡此篇所論務本之事乃道所從入之門而德所積累之基學者必先務此然後道可入而德可積矣○朱子曰學而篇名也取篇首兩字爲之初無意義但學之爲義則讀此書者不可以不講也夫學也者以字義言之則己之未知未能而效夫知之能之之謂也以事理言之則凡未至而求至者皆謂之學雖稼圃射御之微亦曰學配其事而名之也而此獨專之則所謂學者果何學也蓋始乎爲士者所以學而至乎聖人之事伊川先生所謂儒者之學是也

《论语集注大全》明弘治十四年（1501 年）刻本。明代科举所用四书五经中的一部分是挑选过的简本，经典的解释也以朱子的注疏为主。

为了防范军人起来夺取政权的危险。

因此，不论是文官制度、考试制度还是兵制，明代的设计都是为了巩固皇权，不容许其他的力量来挑战政府的权力。在中国历史上，明代和继承明制的清代，都可说是几千年专制政权演化到最强大、最集中的时期。皇帝牢牢地掌握住了国家机器，不管文臣武将，都没人可以从皇帝手上夺下权力，可是皇帝权力却沦落到宦官手中。明代开国以来，有三个能干的皇帝：太祖、成祖和成祖的孙子宣宗（成祖的儿子身体太胖了，做了三个月皇帝就死了）。论宰相，在明初有“三杨”[1]号为贤相，其实也只是称职而已，并没有太大的作为。万历朝的张居正是个能干人，可他的权力是通过宦官挟皇帝以号令，他本身就是一个利用专制政权体制的人，掌握了一辈子的权力。

明代儒生的风气，各位可以从《儒林外史》看到一些讽刺的故事，一个本来有崇高理想的儒家系统，在明代变成了伺候专制皇帝的工具。宋明理学强调君臣伦理，也强调内在道德修养，但是士子对于真正的经世济民的方法，却没有学习的机会，更没有发展的可能。于是，“平日袖手谈心性，临难一死报君王”，他们读书读得迂腐，对于百姓的生活、

---

[1] **三杨** 即杨士奇、杨溥、杨荣。从明宣宗即位起，历宣德、正统两朝，三人同时以大学士辅政，人称“三杨”。

国家的安危，反而使不上气力。今天我国重新把孔子搬上台面，我希望不要又一次糟蹋了儒家！

明代亡于流寇

明代亡于流寇，这个大规模的叛乱也是因为民不聊生，其特性和过去王莽时代的铜马、赤眉[1]，东汉的黄巾、唐代的黄巢其实是一样的。中国王朝的覆灭，不是经过内乱就是经过外患。王朝掌握的资源和管理的方式，在治世和乱世其实并无太大差别，治世可以抵抗得了外患，也不发生内乱，乱世却是外患内乱相寻而至。其情形都是因为百姓日子过不下去，而官方不知如何改进，往往又因为外患而加赋、加税，使得百姓日子更难过。政府不知道在乱事刚刚萌芽时就采取适当措施，当然是因为信息反馈的系统出了问题，也可能因为神经系统不知道怎么应付反馈的信息。

明代的例子最为清楚。蒙古的威胁始终没有消除，英宗时期的"土木堡之变"[2]就是一个不该发生的外患，明帝国几

---

[1] **铜马、赤眉** 指铜马军和赤眉军，二者均是王莽统治末年的农民起义军。

[2] **土木堡之变** 指明英宗在土木堡被瓦剌军所俘的事件。土木堡，在今河北怀来东。正统十四年（1449年）瓦剌贵族也先率军分四路攻明，英宗率军与瓦剌作战，被俘于此。

乎因此覆亡。清朝刚开始不过是一个小小部落，明代的边将不能实时地安抚,反而不断地骚扰和敲诈,终于激成大变。“辽饷”[1]繁重，政府财政不足以应付，不断加税也不断地征兵，而卫所军队已经腐败，不能担任起作战的任务，政府不得不从各处少数民族调动部落兵，这些都是既花钱又不得好处的措施。终于，被解散的一批驿卒加上饥民，蜂起为所谓的流寇。流寇虽然力量庞大，却实在是因为饥饿，才不得不起来造反。单看流寇活动的地区，一到江淮以南富足的地方，流寇就不存在了；甚至于有些流寇的小部队，出现在几个南方的大城市旁边时，很快就消失了，就因为在大城市附近，饥民可以找到安生的地方，不用再参加民变。由此可见，以饥民为主体的流寇，只要经济过得去，就不会酿成如此大祸。

清朝的二元体制实行得最为彻底

明代大规模的民乱颠覆了王朝，关外的满族人渔翁得利，以二十四万“八旗”取得了天下。清代既是征服王朝，又是继承明代的专制王朝，双重严峻的特性使清代成为中国最专制的一个朝代，臣子不再是国家的公务员，而是皇

---

[1] **辽饷**　明末辽东驻军饷项，又指为筹此军饷加派的赋银。

帝的奴隶。在清朝初年，康熙、雍正、乾隆三代开疆辟土，用汉人地区的钱粮支持满洲八旗的部落兵，而取得了蒙古、西藏、新疆和台湾。连年征战，扩张了帝国的疆域，其幅员确定了今天中国的版图。比起汉唐，清朝掌握的领土更为具体，而不是西域小国或是边外松散的羁縻州府。可是清朝处理与蒙古、西藏和新疆的关系，是和汉人地区的治理方式不一样的，清朝实行的也是一个二元体制。皇帝每年在承德接见蒙古王公、西藏喇嘛和新疆少数民族的首领，那是一个满洲大汗的游牧朝廷；关内十八省，则是满族皇帝统治的中国。这种二元体制，屡次在中国历史上出现，而在清朝这一代实行得最彻底，也可以说维持了比较长时间的稳定。

清朝的神经中枢比明代更为专制，虽然皇帝周围不一定有宦官弄权，却一定有皇室成员加上满族官员与汉官共同组成的内廷。甚至于六部，也由满员和汉员两个班子共同管理部务。这种从上到下一条鞭到底的二元体制，却是过去的王朝未有过的制度，也代表了征服者牢牢掌握每一个层次的权力。清代的地方官员从省级到县级，每一级都有不同资格的文官，代表不同的力量，有的是皇亲国戚，有的是满洲旗人，也有的是皇帝自己的私人奴隶（包衣），掺杂着科举出身的儒生和保举出身的吏员。这个非常复杂的地方官员群体，回馈信息的管道也非常复杂。因此，中央接收到的讯息，在中央不同的部门就会有不同的意义。在“康雍乾”时代，满洲人本身的团结性和对满洲文化的认同感，还使得中央系统至少有一定的一致性；在“康雍乾”以后，满洲人的一致性在汉化过程中逐渐淡化，中央神经系统已经不能有效地处理问题，政府的效率近于瘫痪。

今天读小说的人，常常称“康雍乾”为盛世，其实所谓盛世只是败坏的开始。这三个皇帝统治的时期已经将中国的资源挥霍净尽，满族自己的八旗也已败坏，而以募兵编成的绿营始终不是一个有效的军事组织。儒生代表儒家思想，如前所说，在明代已经是专制集权的工具；清代以征服者无情的压制和有意的收买，使儒生成为政权工具，连带使得儒家思想僵化。一个僵化的文化系统，一个逐渐瘫痪的政府权力结构，清政府已不能够有自我调节的功能，当然也就不能适当地处理忽然面临的压力。单单比较康熙、乾隆两朝的情形，就可以看出端倪。康熙能有力量征服蒙古、取得西藏，也相当有效地征服了新疆；但是乾隆一代号为极盛，却花了很大力量才取得大小金川，平定了台湾林爽文之变。于是在嘉庆以后，清政府不再能有效地处理“川楚教乱”[1]；而道光以后，鸦片战争的失败和太平天国的战事，使中国开始了将近两个

[1] **川楚教乱** 即“川楚白莲教起义”，乾隆末年四川、湖北的农民大起义。白莲教支派混元教的传布，在起义中起了组织作用。

世纪的厄运。

清朝这一个看上去很兴旺的大帝国，其实有一半以上的岁月，是走向衰退，而不是稳定地维持一个大国的声威。

中篇　近代中国

第七章

革命前的中国

清代在中国历史上还是比较强盛与富足的朝代，尤其是“康雍乾”三代号称盛世。但清代从开始就是一个易于僵化的政治结构，康熙以后就从盛转衰了。

思想僵化与八旗的没落

清朝这个征服王朝，一方面继承了明代的体制，另一方面又是以战争部落的征服方式，对汉人地区施以暴力，强加统治。明代已经是中国传统朝代中非常专制的一代，皇权和依附在皇权上的宦官弁髦人权，对于士子尤其不客气。因此，明代士风长期在压制之下，很难施展。

明代末年，曾经有过一段时期，江南一带的士大夫思想自由，意兴风发，东林、复社都是士大夫评论时政的团体，也和皇权有剧烈的冲突。明亡之后，清初的江南也曾经还延续着士大夫论政的习气。可是，清代以暴力压制，从此士风不竞。整个清代一直到晚季，内外挫败的局面出现之后，才有士大夫纵横论政的现象出现。

明亡之后，黄宗羲的《明夷待访录》提出了类似民主政治的想法，可是在有清一代不容在世上流传。要到清代晚期，儒家的今文经学派[1]，又再讨论寄托在古代的理想世界，其中以康有为的《大同书》最为具体，代表了一种激烈的无政府主义。这些思潮，在清代是不容讨论的，因为王朝的体制在君臣伦理下，是不许质疑的。

清代也有民间的大规模乱事，例如"川楚教乱"，就提出了另外一种理想的世界；太平天国的主张又何尝不是挂着洋招牌的中国民间理想，意图寻求一个平等的社会。而这些民变，并不能真正颠覆王朝。

满族人挟八旗武力征服中国，满汉之间是二元组织，满主汉奴，是以武力镇压的征服体制。可是八旗子弟经过几次大规模的征战，取得蒙古和回部的领土，已经消磨了不少锐

---

[1] **今文经学派**　经学中研究今文经籍的一个流派。今文经，指汉代学者所传述的儒家经典，用当时通行的文字（隶书）记录，大都没有先秦的古文旧本。今文经学对西汉封建制度的巩固起过作用，在清代曾成为维新变法的重要理论根据。

黄宗羲（1610—1695 年）画像。黄宗羲的《明夷待访录》提出了类似民主政治的想法，可是在有清一代不容在世上流传。

气；到乾隆时代大小金川之役[1]，八旗兵力已经如强弩之末；嘉庆、道光年间平定“川楚教乱”，作战的武力已经不是八旗，而是招募汉人从军的绿营。绿营是将领统率的私兵，作战力并不强。因此，清朝在嘉庆、道光以后，可说是没有足够的国防军。太平天国起事，无论是残余的八旗还是绿营都不足以平乱，而要倚赖民团性质的湘军来平定太平天国。

从以上的背景可以看出，清代本身的政治体制由于官定思想的僵化，导致了统治集团成员，包括科举取士的官员们不能应付任何变化。满族亲贵养尊处优，纨绔多而贤能少，甚至一般的八旗子弟也是过着悠游岁月，成为国家的负担而不是政权的资源。一个征服王朝的武装力量也不能保卫国家，甚至不足以有效地维持政权。乾隆时，马戛尔尼使团来华要求开放贸易，乾隆大言拒绝。这些英国人也观察了中国的实力，他们回去报告说，中国的军队只不过是打着旗帜的仪仗队而已。于是，在鸦片战争时，中国的官员们不知外面世界的实情。贤者如林则徐，虽然有魏源提供一些国际知识，其实并不足以使其有足够的能力判断当时情势，做出适当的反应。而中国的武力，还是要以清初的红衣大炮架设在虎门炮台，用来抵抗英国兵船的侵入。因此，从鸦片战争到英法联

[1] **大小金川之役** 清乾隆皇帝两次派重兵镇压大金川和小金川的事件。大小金川位于今四川阿坝藏族自治州境内。

军之役，一连串的挫败并不是意外，而是必然的结果。

清帝国无力应付新形势

鸦片战争以后，中国节节挫败，丧权失地。最严重的当然是甲午之败，中国将台湾割让给日本。义和团运动，八国联军攻入北京，慈禧和光绪狼狈西奔，中国以巨额赔款才换得和平。这是一个已经腐朽的大厦，禁不起一点风吹草动，更何况是狂风暴雨般的西潮挟着坚船利炮和巨大的工业生产力，一锤锤地打到古老中国的头上，中国焉得不败。当时，几乎同时溃败的古老帝国，还有奥斯曼帝国和莫卧儿帝国，两个大帝国也在西潮之下瓦解。

鸦片战争前后，中国还不知道自己的实力完全不足以应付强大的外力侵略。有些人以为一些冲突是局部的，例如林则徐的禁烟之举，其他省份以为这是广东的事，与自己无关。林则徐自己也以为冲突的关键在于英国人要求进城，而中国不允许他们进入中国的城市。三元里的民团，一时也曾拦截侵入内河的英国小兵船，于是朝野都以为中国大胜。另外一批人，例如倭仁[1]以为中国可以用精神力量抵抗外敌，以礼

[1] **倭仁**（1804—1871 年）清末大臣，讲求宋儒之学，政治态度保守顽固，强调内治，反对洋务。

《海国图志》清光绪二年（1876 年）刻本。由魏源根据《四洲志》和中外文献资料编成，介绍了西方近代自然科学知识、社会制度及风土人情，是中国第一部较为详尽较为系统的世界史地著作。

义作为抗敌的甲兵；叶名琛[1]在英军侵犯时，不和不战不守，不死不降不走，被英国俘虏，终于客死印度，还自以为是海上苏武。这些迂腐的观念和做法，正反映了清帝国已没有力量应付逼人而来的新情势。

多次挫败以后，中国以为可以用买来的坚船利炮整军经武，重建中国的力量。但是，甲午之战，中国多年经营的北洋舰队一败涂地。日本在中国人心目中本是东方小国，而明治维新之后，居然可以一举击败天朝上国，这对中国人是极大的刺激。中国人这才感觉到要更进一步地努力，甚至改变政府的结构以求自强。可是，戊戌维新失败，新党人物或死或逃亡。即使他们成功，成立一些新的政府机构，并不代表他们有能力建立一个强大的中国。八国联军侵华，中国溃败了，清政府这才有准备立宪的打算。当然，时不我待，不到几年时间，武昌枪声一响，辛亥革命终于推翻了清政府。

从乾隆到辛亥，中国从自大走到麻木，又从麻木走到惊慌，因为惊慌而要在军备上有所更新，然后再想到“西学为用、中学为体”，最后才准备全盘革新。这整个过程正如人生病，病入膏肓了，可是病人自己不知道，还以为小小的治

[1] **叶名琛**（1807—1859年）　清末大臣，官至两广总督。1857年，英法联军进攻广州时，不战、不守、不议和、不自杀、不投降、不逃跑，人称“六不总督”。最终广州城陷，他被俘往印度而卒。

疗就可以解决问题。殊不知，已经支离破碎的身体实在不能再撑下去。

屡次挫败下的努力

对外的不平等条约，在中国领土上造出了一些租界，而沿海的几个港口，尤其是已经割让给英国的香港和葡萄牙人长期侵占的澳门，都变成了中国人了解世界情势的窗口。传教士的外文书刊和中文的出版品，提供给中国有识之士许多新的知识。在这些地方的城市生活也是中国过去从来没有过的经验。城市之中有新的工商业，也有新的文化，甚至新的衣食住行的方式对中国人都是刺激，使得中国人理解到，这里一切的改变都不是可以靠中央改变一些政策能够做到的。中国必须彻底地全盘改变，才能对付外面已经改变了的世界。

回顾当时，奥斯曼和莫卧儿两个帝国，都没有时间做任何改革或者更新就一败涂地。中东地区最近发生的一连串事故，反映着这个地区二百多年来没有重新整顿自己的机会。印度到今天还是个分化的国家，有西化的上层，凌驾在一般没有太多改变的印度普通庶民之上。印度有非常现代的事物，例如，印度理工学院不亚于麻省理工学院；又比如说，印度有非常精致的现代工业。但是另外一方面，印度的农村还保

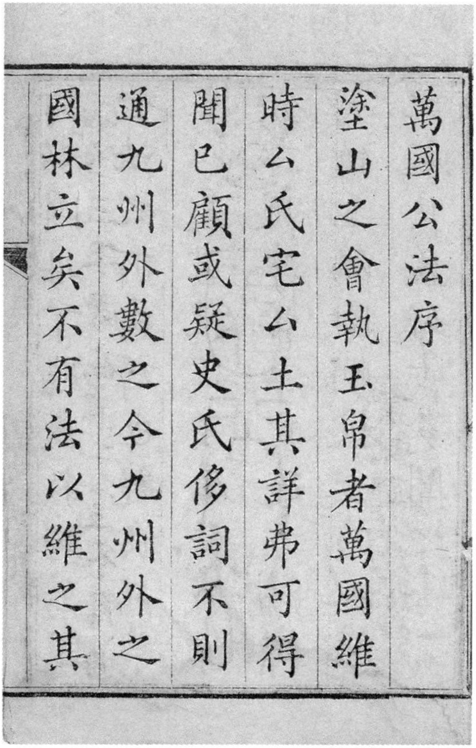
萬國公法序
塗山之會執玉帛者萬國維
時厶氏宅厶土其詳弗可得
聞已顧或疑史氏侈詞不則
通九州外數之今九州外之
國林立矣不有法以維之其

《万国公法》京都崇实馆同治三年（1864 年）刻本。这本书介绍了当时国际和战及外交惯例，是我国首部汉译国际法著作。这类由传教士翻译的书刊，是当时中国知识分子了解世界的途径。

留着几千年来未变的面目。这两大帝国，没有机会保持自己完整的国家，一垮之后分崩离析。相对言之，中国倒是败而未散，超过一个半世纪，中国屡遭挫败却并不放弃努力，蹒跚其行，不断挣扎，居然还保持了领土的完整。这也是历史上的异数。

辛亥革命以后，套用孙中山的话，"革命尚未成功"，到今天中国的工业革命还正在进行，文化革命在被动状态，自己还在找自己的安身立命之所。辛亥革命已经一百多年了，回顾民国时期，辛亥革命后风雨不断，没有几天晴朗。

下面几节，我们会讨论辛亥革命时期有关的社会力量和它们的参与方式，再由此讨论辛亥革命本身的成败和历史意义。

第八章

边缘人的辛亥革命

辛亥年（1911 年），八月，武昌城中楚望台下一声枪响，居然将中国两千多年的帝制消灭了，从此中国有了共和国的体制。那年年底，孙中山先生在南京成立中华民国，他自己当选为临时大总统，但是很快就因为南北议和，他把总统位置让给了袁世凯。此后，中国兵连祸结，连续十多年都是军阀混战，中华民国本身只剩了一个名号。武昌革命，似乎真的是没有成功。我们检讨这一场革命的春梦，为何竟是如此短促？

孙中山革命与民间帮会的关系

要检讨这个问题，话要从头说起。在戊戌变法失败和义和团运动之际，中国的志士眼看着一片江山怎禁得起几番风

申報

辛亥十一月十三日出版共二張

西歷千九百十二年正月一號禮拜一

恭祝
中華民國萬歲
孫大總統萬歲
申報館同人拜賀

恭祝
孫大總統萬歲
共和萬歲民國萬歲
華商集成公司印刷圖書編譯發行四部同人拜賀

孫大總統萬歲
席裕福拜手

仁昌當滿衣減價

同章祥號洋貨抄莊十一月十一日開張

中華民國臨時大總統孫文今日履任

下開奕祀共和之幸福永永爲吾中華民國紀念之一日也溯自專制虐燄塞痛四海以來北虜之橫行未有甚於此日者也民之憔悴於虐政未有甚於此時者也一國之農工商界無不疾首蹙額日縮小其生產之範圍而受制於他族勢力之下上無保護之方下無擴充之法繼此以往勢必有四萬萬同胞淪胥以盡之一日今何幸而以夙持民生主義之孫中山膺中華民國第一任總統之選紀元伊始不換新猷吾知必有於民生疾苦三注意焉者矣記者不敏敢進一言以祝今日大總統履任之典以爲他年我四萬萬同胞出水火而登衽席之左劵

惟王建國以爲民極立人達人牧民天職於鑠中山胞與民物三大主義研究有日民族民權民生是爲武漢興師推覆滿室一十四省旗飛五色共和權輿一人首出救我蒸民振興實業四萬萬衆人足家給軼美駕歐揚我國力

《申报》（1912年1月1日）。

雨，他们想到的，还是在原来的制度上改革，而不是从头开始，经过革命创造一个共和国。刘鹗的《老残游记》提到南方的革命时，将其与北方的拳乱相提并论，称为“北拳南革”，可见他们对革命的印象——认为这并不是解决中国问题的方法，反而是滋生祸乱的源头。

孙中山本身是一个南方乡村的孩子，后来又到夏威夷接受中等教育，最后才在澳门，跟着一对外国医生学习一般的医术。在中国的社会结构中，孙中山是一个边缘人物；而他鼓吹的革命理论，也不过是美国民治、民有、民享思想的延伸。何况他最初的想法，还谈不到三民主义的理论结构，只不过是“驱除鞑虏”“平均地权”，也是根据族群意识和中国民间向往的社会公平来制定的。自从明朝覆亡，即使满人已经站稳了天下，中国民间的反清复明思想仍旧潜伏在秘密社团和秘密宗教之中。华南是明朝最后一片领土，因此，反清复明的思想，在南方的天地会这一类的组织中流传不断。太平天国的启示，拜上帝教的号召，只不过是个躯壳，其基本精神也就不过是天地会的反清复明和平均地权的思想。

在清代晚期，太平天国失败以后，华南许多地方秘密社团的成员也隐伏地下，有些远窜海外。南洋和美国的许多华工之中，就有很多帮会分子。这些孤苦无依的弱势社群，身在异国无可依托，也就只是仗着祖国带来的帮会，结合成一股力量，相呴以湿、相濡以沫。孙中山在美国各处发动侨胞的支持，颇为倚仗帮会的帮助。他在辛亥之前的一两年，曾在华南发动多次暴动，号为“十次革命”，都没有成功。这十次暴动，除了广州事件是在南方的大城市发动，很多参加者也是海外留学生，其余九次暴动都在偏远的地方，甚至于在广西和越南交界的镇南关。每一次，孙中山和他的同党都等待着当地的帮会响应，但是每次都是没有结果。审算这九次的努力，孙中山寄予希望的帮会在华南并不如何强大，它们真正强大的力量是在海外。孙中山在海外得到许多穷苦侨众的支持，他们以辛苦钱捐助孙中山的革命运动；但是在华南，这些帮会大概也就只能存在于非常边远的小地方，也缺乏真正的实力。

相对而言，湖北新军之中，很多是华中和东南地区的帮会成员。这些帮会，论起原来的基础，也是从反清复明的地方秘密社会延伸而为遍布水运交通干道和沿江城市的秘密组织。所谓“江湖”两个字，实际上是指长江和沿江的湖泊地区。这些帮会，长期以来已经在东南和长江流域成长为庞大的潜在力量。太平天国之乱，湘军的将领在力量已经壮大时，忽然发现自己的军队之中存在着庞大的帮会势力；张之洞成立湖北新军，参军者也正好是太平天国以后那些本来已经解散的兵员。这一股力量掌握东南半壁的运输路线和城市，其实力之强大，不是华南帮会可以比拟的。孙中山的同志黄兴等人出身华中，熟悉地方势力。黄兴在孙中山身边以“知兵”

孙中山发动的“十次革命”，都以失败告终。图为临刑前的广州起义革命党，自右至左依次为陈亚才、宋玉林、韦云卿、徐满凌、梁伟、徐亚培。

著称，可是二人之间多少有点竞争的关系。南京新政府成立，黄兴本来被推举为大元帅，以辅助孙中山，不过后来大元帅的名称从来也没有正式出现。在新政府中，黄兴担任陆军部部长的职务，可是手上无兵无饷，也是一筹莫展。

辛亥革命与孙中山回国都是仓促行事

选举临时总统的十八省“代表”，在我们今天看来几乎都是革命党人，并没有十八省议会的领袖。湖北武昌的辛亥革命一起事，东南各省的临时议会纷纷响应，照理说南京政府成立，这些议会和它们的领袖应该是会带来它们各自的军队和资源；即使以革命党本身的力量而言，上海的陈其美[1]、安徽的柏文蔚[2]、江西的李烈钧[3]，如果这三处革命党自己的武装力量精神一致，协力同心，加上武昌新军，全军南下，这几支武装能聚集在南京，南京也不至于束手无策，坐听袁

---

❶ **陈其美**（1878—1916 年） 武昌起义后，参与策划并领导上海起义，上海光复后被推举为沪军都督。

❷ **柏文蔚**（1876—1947 年） 武昌起义后，任第一军军长兼北伐联军总指挥。二次革命时，宣布安徽独立，任安徽讨袁军总司令，失败后逃亡日本。

❸ **李烈钧**（1882—1946 年） 1912 年被孙中山任命为江西都督，也参加了二次革命。

世凯的兼并。黄兴等人未尝没有此想，可惜事与愿违，终因资源不足没能成功。孙中山是在革命的枪声打响以后，从海外匆匆赶回南京，当时大家也盼望他带来国际的支持——至少华侨的财力支持，他却是空手而来。无兵，无钱，也没有本党武力的支持，更不用说东南地方领袖的拥护，这个政权当然不能运作。

在辛亥革命发生的前几年，革命的呼声确实已经高涨了。响应革命理论的知识分子，也以东南为主，尤其是以上海租界为依托的刊物和报纸，都成为当时革命运动的喉舌。甚至本来就主张保皇维新的梁启超，在革命前一两年，他的论调也逐渐偏向于革命。但是，这些知识分子——包括章太炎和"南社"诸公，都是名声很响亮的文人——却对地方士绅并没有真正的影响力。以我的家乡无锡为例，辛亥革命后，当地的地方领袖自己组织县政府，推选官员，并没有和武汉或南京有所联络。这些力量遍布东南各省的省级到县级行政单位，孙中山没有可以措手之地。义和团运动时，东南各省联合自保，置身于清政府和外国冲突之外；如果在南京政府成立时，东南各省也精诚团结支持革命，以南方力量之强大，袁世凯的北洋军也不敢轻视。

总而言之，辛亥革命和孙中山回国，两者都是仓促行事，没有预先筹划，也没有及时动员可以提供支持的力量。从明清以来，在中国的社会，地方士绅有举足轻重的力量。这些地方精英群，有自己的社会关系网络和自己的理念，他们的立场大多偏向君主立宪，对于革命并不完全同情。孙中山的革命运动，由于他自己是个边缘人物，无法接触、更别谈动员这些力量。武昌是长江沿岸的要地，湖广总督的辖区，上可到四川，下可取东南，照说是个举足轻重的战略要点。放弃了武昌，放弃了新军，要在南京一无依傍的局面下成就大事，也是举措失当。

1917 年的俄国革命，只是海军起义占据了圣彼得堡，就因为直捣俄罗斯帝国的核心，于是一举成功。武汉和南京都不是在核心的位置，不过，即使偏安南方，能够抓住两地之一，也未尝不能南北对抗。再动员北方的革命力量，例如蓝天蔚[1]等人，天下成败还未可知。最可惜的是，黄兴和他的友人们在孙中山以华南为据点的权力集团中无法发挥力量。黄兴后来和孙中山分手，也是因为孙中山要求党员唯总理之命是从，黄兴觉得有悖民主的原则，于是从此淡出革命，赍志以终。

再从大处看，东南的现代城市，例如上海已经是发达的商埠，不过经济力量都在外国人之手，中国人的民族企业，还没有开始发展。这一股力量的成长，必须在数年以后。尤

[1] **蓝天蔚**（1878—1922 年） 武昌起义后发动北方新军起义，不果。遂去上海，任北伐军总司令，进驻烟台。

其在第一次世界大战开战，外国资金从中国撤退时，中国人的力量才迅速发展，建立了一个以东南地区为基础的现代工商业体系。孙中山死后，以广东为基地的北伐，其倚仗的财力，不仅是以广州为代表的华南经济，更多是依靠以上海为基础的东南经济力量。那已经是十几年以后的事了。

革命军起，革命党消

尤其使人感觉吊诡者，革命成功，居然就有人以为革命军起，革命党消。也就是说，革命本身成功以后，不必需要思考民国怎么建设，好像民国的建立就是革命的目的似的。这种想法，也表现于革命前的口号忽然失去了意义。有一些主张种族革命的，例如章太炎，他以满汉分野为主要的革命理由，而且以炎黄子孙来界定中国人，主张制定黄帝纪元为年号。诚然，“驱除鞑虏”是革命党的主要口号，好像中国所有的问题，就只是因为有满族的统治才如此衰弱。革命成功以后，立刻提出了“五族共和”[1]的口号，甚至国旗都是五色旗。于是，种族革命的立场，也忽然站不住了。

---

[1] **五族共和**　1912 年 1 月 1 日，孙中山发表《中华民国临时大总统宣言书》，第一次提出了“五族共和”理论，其政治核心就是汉、满、蒙古、回、藏五族共和，共同发展，共同繁荣。

在革命运动边缘人士的立场来说，主张维新的人士，曾经以为光绪和慈禧的帝后之争是中国无法革新的主要原因；现在皇帝都没有了，当然君主立宪的口号也就无意义了。当年民间会党参加革命，确实是延续了种族革命的传统，他们在民国成立以后，也以为既然民国成立了，我们的任务已经完成了。从那以后，民间会党和革命政府之间已经不再有过去一样的密切关系。

再从孙中山的立场来看，孙中山曾经提出了“驱除鞑虏”、“平均地权”的口号，但是在鼓吹革命时，孙中山并没有强调后面半截，于是整个的革命理论，好像也只是要推翻一个外族的帝制政权。孙中山的理论系统，要到广州重建基地时，才逐步形成为“三民主义”。因此，整体而论，民国的成立来得过于仓促，好像一个小孩落了地以后，父母才开始考虑怎么样带他的小孩子，对他的未来几乎没来得及设想。

这一节我们所讲的这些判断，也是事后诸葛亮，或者如美国俗语所说的“星期一早晨的裁判”。当时的局内人，可能就因为身在庐山，难得见到山外之事，也未必能够见到庐山本身的真面目。人都有其自身的局限，身在局中，终有所蔽。历史的裁判，却是成败不能回头。我们后人如渔樵指点，可以是闲话，也可以是分析，对于当时的历史人物和事件，我们只有同情的叹息，不应该有苛刻的责备。

第九章

从革命到北伐：中国向何处去

1912年3月10日，袁世凯在北京就任临时大总统，中国从此陷入十几年的军阀混战时期。袁世凯在世时，军阀系统定于一尊，社会局势整体上看较为稳定；但是，他称帝的野心使得自己众叛亲离，洪宪闹剧匆匆收场。袁世凯死后中国又陷入一片混乱，各派军阀间持续混战，轮番争夺政府的控制权，甚至还有张勋复辟这等事情发生。

在北方，有袁世凯的直系和从直系中分出来的皖系不断争夺政权，他们派出来的地方军事首长各为其主，可是也分合无常；在北方，还有雄踞辽东的张作霖、在山西闭关自守的阎锡山，这两股势力有时候也会卷入北方的政权斗争，但大多数时间，他们都相当致力于治理自己的势力范围。在南方，广西和云南各地均有据地自雄的地方军阀，为了争夺一省控制权而时时发生内战。四川内部，就是一群土生土长的军阀，不断地在争夺天府之国的领导权。长江流域和东南地区，则是各方面军阀争夺的对象。这些地区没有自己的军阀，全靠着地方掌握财富和资源的乡绅，在许多武人的争夺之中，想方设法维持地方的安定。孙中山和他的革命同志，则局促于珠江三角洲一隅之地，必须时时仰桂军、滇军和粤军的鼻息，号令不能出“帅府”之门。

分裂的中国，救亡的压力

四分五裂的中国，沦为列强的“次殖民地”：英国的势力范围，是在长江流域和东南；法国在西南尤其云南发展其势力；日本在福建有特殊的利益，当然，日本取代了俄国，将东北三省牢牢抓在手中。张作霖的起家，是在日俄矛盾之中成长，也长期地受日本的支持。在我国北方，青岛是德国的基地，威海卫是英国的基地，好在内陆地区只是德国、英国、美国的传教和经商的地点，并没有被侵占。

中国的内河和沿海的港口，进出的都是挂着外国旗帜的货轮，也有外国的军舰，肆无忌惮地在中国的领域中航行。外国的洋行和银行，不仅经营进出口的买卖，也开发中国的矿产，经营中国的铁路。外商设立的工厂，在中国土地上，用中国的原料和华人的劳力赚取中国市场的利润，运回自己的国家。无论哪一个政府，中央或者地方都必须仰赖这些外

奥地利军舰“伊丽莎白皇后号”。中国的内河和沿海的港口，进出的都是挂着外国旗帜的货轮，也有外国的军舰，肆无忌惮地在中国的领域中航行。

资经济，或者向他们贷款，或者购买他们的军火。中国可以说没有自己的经济。中国的民族企业还没有发展的机会，中国甚至长期没有全国的统一货币，外币和银圆都在市面上流通。

从 1912 年到 1926 年，就以上所说的情形看来，北伐之前的中国是一片混乱，乏善可陈。的确，这时候呈现的危机，是时时可能发生的亡国，“救亡”两个字成为当时压在全体中国人心头的压力。尤其日本人，在那一段时期时时刻刻在各地有挑衅的行为，制造事故，以取得中国的让步。日常生活中，生活在租界或者通商口岸的华人，不是必须面对外国人，就是处于外国势力卵翼下，受着各种各样的歧视和欺负。

对很多中国人来说，救亡不仅是一个口号，还是天天要面对的现实。

昙花一现的自由环境

可是从另外一方面看，在救亡的危机感下，这一段时期竟可以说是中国的启蒙时代。许多革命前应该想到的问题，在这一段混乱的时期提上了日程，让大家不断地思考：中国怎么走到了这个地步？中国该走到何处去？

新一代的知识分子，很多是从国外留学回来的，但更多人是在中国接受的现代教育。从总人数说，受过大学教育的中国人，在人口比例上不会超过百分之五；受过中学教育的，应该是百分之二十五到百分之三十五。这些新的知识分子，几乎人人都卷入了“启蒙”过程。救亡和启蒙，两个任务必须同时进行。也因此，启蒙的意义受救亡的影响，使得这群新知识分子具有严重的紧迫感，不免重视短期内快速的效果，而不太顾及未来长远的发展。

当时中国的文化事业和教育事业，几乎都集中在若干大城市，尤其是北方的北京和天津，南方的上海和南京。此外，广州和香港距离很近，也是华南的中心，武汉则是华中的中心，这两个副中心，论其发挥的功能，只能说是平、津、宁、沪的外围而已。

中心城市的报刊，成为讨论国是的论坛。《东方杂志》《大公报》《申报》《时事新报》等，都刊登不同人物的文章，从不同的角度提出个人对文化、经济、政治各方面的想法。几个重要的出版社，例如商务印书馆和更早期的一些书局，一批批地发行导论性的书籍，介绍各种新知识和新学说。上海也有了中国的第一批电影事业，以这一个新的媒体，提出大家天天面临的许多问题，用娱乐的方式提醒大家注意一些生活上的现象。这些新的文化事业，几乎都在租界之中，即使它们指斥当权者，由于任何中国政权都无法进入租界，也不能拿它们怎么样。外国人在租界拥有治外法权，这本来是不该发生的，却使中国人获得了思想上极度的自由。在这自由环境中的文化与学术讨论，如昙花一现。

先说政治理论方面：各种主义都被提出来讨论，从无政府主义、国家主义到社会主义，都有人提倡，也都有人信从。孙中山在广州虽然施展不开，却是花了大部分的时间在思考中国的问题。他一方面从美国的民治、民有、民享三个理想，延伸为民族、民权、民生的三民主义；他也重新认识了中国的过去，尤其是中国文化里面的一些特色，并且吸收了中国文化传统的一部分，纳入自己的思想体系之内。他的五权宪法结构，就是在行政、司法和立法三权鼎立的基础上，增加了中国传统科举的考试和御史台的监察两项权力。

前面说过，孙中山是一个边缘人，在外国受教育，对中国的文化其实并不熟悉。这一段岁月，可以说是他的补课过程。他重新思考中国文化和政治之间的关系，他的建国蓝图，也在这个时候有相当具体的描述，比如如何改善交通、如何开发物产、如何建设工业等。假如这一套想法，在革命前他已经提出，我想在辛亥革命时，他会获得更多的支持，尤其是社会精英阶层的支持，不至于沦入四无依傍的窘境。

1917 年，俄国革命成功，共产主义在各处都开始传播。中国在欧洲的留学生，其实有很多早就接受了社会达尔文主义，其中包括马克思主义的理论。俄国革命成功后，一方面有许多社会主义倾向的学者，已经在知识分子之间讨论社会主义和更具体的共产主义。共产国际[1]对于孙中山的支持，又使得国民党的若干人士将孙中山的三民主义，尤其是里面的民生主义等同于社会主义。在光谱的另一端，则是美国的自由主义和民主选举产生的代议制度，从英美留学回来的学者，几乎全部站在这个立场上，和左派不断地辩论。在两者之间，则是国家社会主义、计划经济、工团主义、乡村自治主义等，五花八门的观念都有人提倡。

20 世纪 20 年代，有过几场大辩论。一个是讨论中国社会的定性，左翼的理论家将中国的过去纳入马克思主义的唯物史观，但是有些人不同意他们的观点，有的人从中国传统的立场驳斥这些说法，也有的人则是修正了唯物史观，不主张固定的社会进化论观点，却也认为社会与经济之间存在密切关系。

另一项讨论，则是科学与玄学的讨论，也可以说是中国科学主义形成时期一个非常重要的事件。主张科学的人士，他们其实不是真正从科学本身的内部规律角度发言，而是将科学当作一个新的文化现象。这一番讨论，实质上毋宁说是将一切哲学讨论都推到玄学的范畴，使得思想的领域狭窄了，

[1] **共产国际**　即“第三国际”，1919 年成立，其任务是宣传马克思主义，团结各国工人阶级和广大劳动群众，为推翻帝国主义和资本主义统治，建立无产阶级专政，消灭剥削制度而斗争，总部设在莫斯科，于 1943 年 6 月正式解散。

也单薄了。当然，宗教信仰又更被这些科学主义者驱逐到人生之外，当作迷信。这一番辩论，当然是和新文化运动有相当的关系。

新文化传播和默默进行的社会革命

五四新文化运动本来是从中文的白话化开始的，并没有涉及政治问题，只是中间又因为抗议巴黎和会的爱国运动，两者纠缠在一起好像是一回事，其实应该分开为两件事。五四新文化运动，除了白话文以外，又带进了“德先生”和“赛先生”两个观念，强调西方的民主主义和科学主义，以为这两个项目，是治疗一切旧文化病症的良药。新文化运动的开展，对于前面所说社会主义的辩论，在文化的层面提出了自由主义和个人主义，作为另一项选择。

同时发生的另外一项辩论，则是文学和艺术是应该为一定的目的服务，还是应当单纯地表达人的心灵和智慧。这一个讨论，一方面是左派的学者认为文学、艺术甚至于文化，都应该为革命服务；而他们的对手却认为，文学和艺术本身就具有自己的意义，有自己的目的。显而易见，这一番创造社和新月社之间的辩论，其实就是上面政治、文化两项辩论的另一个战场。

有了这么些课题，又有了新的文化和传播事业，不到二十年间，中国的文学和艺术的创造力一时百花齐放，呈现出十分可观的成就。胡适、朱自清、鲁迅、茅盾、巴金、徐志摩、老舍、沈从文，这些人在中国的文学史上，都做出了不可磨灭的贡献；艺术界的徐悲鸿、齐白石、张大千、黄宾虹，他们的成就也是后人难以逾越的。

在这一时期，几乎每个县都有一个中学，虽然水准参差不齐，现代的教育的确已经深入民间。至于大学教育，北方有清华、北大，南方有交大和东南大学，更多的是教会设立的学校，如燕京、金陵、华西、辅仁、湘雅、岭南等都是教会大学，都以外国的教学方法和课程，培养了数以万计的大学生。到北伐以后，这一股力量更上层楼，令中国的学术完全脱离了传统的人文和经典教育，进入了现代的人文社会和科学的教育。

在社会方面，梁启超曾经提出的“新民说”，在民国以后，由散篇的论文编入《饮冰室文集》，从而得到更广泛的流传。“新民说”的主张，是要培养现代社会的公民，它直接从日本的维新理论尤其是福泽谕吉[1]的理论中得到启发，主要是建构一个人在现代社会中的权利义务和行为模式。梁启超

---

[1] **福泽谕吉**（1835—1901 年）　日本明治时代启蒙思想家，著书介绍资本主义国家情况，宣传资产阶级的自由平等和民主，在明治维新前后有很大影响。其主要著作有《劝学篇》《文明论概略》《帝室论》等。

梁启超（1873—1929年）的“新民说”超越了政治革命，实际上是文化改造工程，他强调个人的自主性，也注意人在群体中的规范。

的“新民说”超越了政治革命，实际上是文化改造工程，得到了普遍响应。他强调个人的自主性，也注意人在群体中的规范。

在这时候，最显而易见的影响，是对传统家庭权威的质疑，以及争取妇女的独立自主权利。著名的小说《家》《春》《秋》三部曲，就着重在提倡个人对婚姻的自主权和反对家长的无上权威。原来参加革命运动的女性也不乏其人，例如秋瑾等，但是，女性在社会上没有自主的地位。从这个时期开始，女性要争取自主权，也要争取工作权。很多受过教育的女性，也有自己的职业，更有大批的女工进入工厂工作。甚至在默片时代的电影，也有特别为了争取女性的权利、自由而编出的故事。过去传统社会的奴隶，无论是债务奴隶，或是种族奴隶，甚至世袭的奴隶，在这个时代都逐渐消失。自此以后，社会上只有主仆之分，不再有主奴的阶级。这一个社会革命，逐渐而默默地进行，在十多年期间，居然成为理所当然的观念，其影响之深远广大，都不是政治革命可以比拟的。

民族企业的兴起及民族主义高涨

1914 年，第一次世界大战爆发，在当时称为欧战，中国选择了站在英美法的一边对德奥宣战。中国参加欧洲战场的方式，仅是象征性地派遣华工。开战以后，在华的欧美工商企业纷纷撤离，出现了一个经济上的空白时期，中国的民族工业趁势而起。许多华商的小银行迅速发展，提供给华商企业开拓基金。其中最著名的，有上海银行、聚兴诚银行、四明银行、工商银行等。另一方面，以无锡的纺织和面粉业为例，荣家的企业，就是从地方小工厂得到华商银行的融资，迅速地由一两家小厂发展到七八家工厂。无锡的轻工业，有六七个集团，荣家只是其一。同样的情形，也在上海、天津、武汉、青岛、济南、宁波、成都等地出现，其经营范畴也包括面粉、纺织、电灯、家用物品和轮船运输等行业。

这些企业，分布在上述若干城市，形成了地区性的中心，尤其上海，俨然是中国制造业最密集的地方。资金和职业工人集中于这些地点，使中国第一次有了现代的都市，和过去传统行政城市和集散中心的性质完全不同。城乡的差距开始拉大，而且越来越大，在数十年中城市的经济规模远超过农村。因为经济发展而造成的社会结构转变，影响也极为深远。

当时中国至少有两个中央政府，一个是北方的军阀政府，一个是南方偏安的革命政权。但在国际场合，尤其在 1919 年巴黎和会过程上，两个政府的代表合组为一个中国的代表团。这一个现象，至少对外说明，中国的内战并不构成主权的分裂，兄弟阋墙，对外还是一个中国。在巴黎和会进行过

许凤藻（1891—1953 年）时任海军少将参谋长兼军械司长（后排左二）。

程中，面对各国的欺压，中国留学生发动了在和会中的抗议，延伸到国内就是五四爱国运动。因此，欧战对中国的影响其实是在提醒大家，中国的主权时时刻刻会被别人抹杀。这也是为何“救亡”会成为全国性的呼声。

这时候，徐树铮[1]提一旅之师直入外蒙古的首府库伦[2]，伸张中华民国的主权，至少短期之内将俄国势力排出外蒙古。这一动作不仅是伸张主权而已，也是强调中国是个五族共和的国家，蒙古并不只是清朝皇室的私属。先父伯翔公（讳凤藻）当时在海军服务，中华民国的海军是大清海军的残余，船少，力量单薄，他当时担任楚有舰的舰长，居然以单舰拦截两艘德国军舰，要求火力和吨位更大的外国兵船在中国领海内必须交出武装和船舰。他在另一场合，又以单舰拦截俄国十余艘运输船舰，遣送俄国人前往自己选择的地点，整个船队却必须留在中国。这些行动，都是在民族主义高涨，而且开始有自己的信心时才能做到的。

从上述政治理论、社会经济和主权立场各方面说，中国虽然在分裂之中，而且国力甚弱，经济也是刚在起步的阶段，但是这十几年的时间，为中国成为一个主权国家和现代社会

[1] **徐树铮**（1880—1925年）辛亥革命后，在段祺瑞内阁任陆军部次长、国务院秘书长，为安福系重要骨干，因1919年派兵收复外蒙古而声名远扬。

[2] **库伦** 旧地名，即今蒙古国首都乌兰巴托。

铺下了重要的基础。而且这些成就是全民共同努力达成的，并不是由哪一个政权规划所致。这十多年的光阴，在中国近代史上，有其不可磨灭的意义。

第十章

黄金十年，流泪十年

孙中山在广东得到共产国际的帮助，训练了自己的军队，也得到留美学生的帮助，建立了国家金融机构的雏形。于是，国民党从潜龙在渊，居然可以有飞龙在天的机会。在 1925 年之前，国民党本身陷于左派、右派的冲突，几乎分裂。同时，中国共产党也已出现，而且一段时期是以国共合作的名义和方式自求发展。

蒋介石有限度地统一中国

蒋介石以黄埔军校训练党军，中国出现了第一支有政治理念的军队，其作战力就不是一般军阀武装力量可以抗衡的。孙中山逝世以后，蒋介石挟其武装实力，夺取了国民党的领导权。全国人民“救亡”意识高涨，驱迫若干地方军阀向国民党靠拢，构成了一个联合力量，打垮了北洋政府。东北关外的奉军，在张作霖被日本关东军炸死后，由其子张学良领导归向国民党的中央。北伐成功，不是国民党一家的力量所能够达成的，是这些力量的联合才使得中国得到有限度的统一。至少，南京新成立的国民政府，其号令所及可以到达国家经济最发达、人口最众多的长江流域和沿海地区。在这一个核心地带，中国有几乎十年的时间，得以发展成稍具规模的现代国家。

南京国民政府，是一个真正的现代政府的体制，虽然是号为训政[1]时期，并没有真正立宪，也没有具体执行五权分立，但至少有了一个相当有规模的文官制度，也有了一个统一的司法系统。更为重要者，中国有了一批相当专业的公务人员，包括财税、金融、司法、交通、邮政这几个专业的团队，以及一些国营企业。至于军队，包括中央政府直辖的部队和各地的地方部队，实际上都还是效忠于他们自己的领袖：中央军队效忠于蒋介石，桂系效忠于李宗仁和白崇禧，晋军效忠于阎锡山，奉军效忠于张学良，冯玉祥的部队流转各处，没有基地，也是效忠于冯玉祥自己。这些武装力量，各奉其主，

[1] **训政** 孙中山把建立“民国”的程序分为军政、训政、宪政三个时期，主张在训政阶段施行约法，由政府派出人员，到各县筹备地方自治，并对人民进行使用民权和承担义务的训练。

明争暗斗，从来就没真正合作过。因此，南京政府至少在武装力量方面是谈不上统一的。还有国共之间的斗争。因为宁汉分裂[1]和上海的地下斗争越演越烈，以至于中共的活动脱离上海等城市，转入江西的农村，建立了第一个苏维埃政权。

这时候，日本对中国的侵略加紧、加强，就怕中国成为真正统一的国家以后，就不是日本可以随意欺负的了。于是，几乎年年都有不同的事故发生。日本借着各种理由在中国发动武装行动，例如，日本军队在济南拦阻北伐军的前进[2]，后来一次又一次在华北发动事变，都是日本以关东军为主体的军阀们尝试蚕食中国主权的行动。不断的外患和从未间断的内斗此起彼应，使得十几年来中国不得安宁。面对亡国的危机，人人都有强烈的国族意识，珍惜国家的主权。举例来说，据海关史专家连心豪的研究，先父伯翔公在北伐后从海军调任海关监督职务，他在厦门监督任上，为了维护主权尽力与洋人主政的海关税务司交涉，将当年抵押海关的不平等条约，解释为只是抵押了关税，中国还应当保有检疫和缉私的权力。

---

❶ **宁汉分裂** 1927年国民政府北伐期间，容共的问题引起国民党内部分裂。蒋介石以武汉政府受共产党控制为由，在南京另组国民政府，主张清党；武汉政府下令开除蒋的党籍，并计划派兵征伐南京，史称“宁汉分裂”。

❷ 指“济南惨案”，又称“五三惨案”。1928年5月3日，日本为阻挠中国统一，在山东济南大肆屠杀中国军民及外交官员。

按照这种解释，中国的海关监督就有权登船搜索，也有权扣船不放。又比如说，1929 年东北“易帜”不久，还是半独立状态，但奉军的将领韩光第为了保卫国土，以一团之众抵抗苏联二万人的侵犯，他和他的兵员全员殉国。这些例子都说明，中国有一个统一的政权，大家都会尽力维护国家的独立和主权。

教育与学术为中国现代化打基础

在这一短促的时间之内，中国还是有许多值得注意的建设，最值得注意的是教育体系的发展。在这十几年中，几乎每一个省都有大学，有些大城市还有好几所公私立大学。著名的新学校，例如广州的中山大学、武昌的武汉大学、南京由东南大学改制的中央大学和天津的南开大学，都在短期内就可以和原有的清华、北大、交大列入同一等级。这些学校加上也纳入中国高等教育体系的教会大学不少于二十所，为中国训练了数十万学术和建设人才。这些学校的教育体制，也迅速地发展为多科目的教育体系，而且其中有些学校实际上已经具有研究所深造教育的水平。过去中国的高级人才，必须借助出洋留学来培养，现在至少可以有自己的训练基地了。

不过，这些学校都集中在大城市，而它们的课程也是从外国大学移植过来，甚至有些课本是直接用国外原版教材，有些也是翻译过来的课本。于是，这些高级知识分子，读得越多，学得越深，就知道很多外国的事物和知识，对中国自己的问题反而产生隔膜。因为知识训练是外来的，知识分子与本国文化严重疏离，这种现象也使得中国的社会上下两层越来越隔绝，也越来越疏离。中国从外面学习的现代化走得越迅速，内部的上下分裂和城乡分离也越严重。在横向方面，城乡的分离也意味着沿海和内地、交通要道周围和边缘地带以及贫富之间的分离。国民政府统治地区，由于其上层是如此地疏离于中国的一般老百姓，这个政权的现代化，却变成其日后失败的病根。

在学术发展方面，公私两方都有一些新的研究单位出现。就拿当时的中央研究院来说，它的这套体制本来是蔡元培想要引进法国的大学院制度，建立一个研究和教学合在一起的机制。但后来，由于从美国回来的留学生习惯于美国的制度，大学教育仍旧是由教育部主管，中央研究院就成为一个专门从事研究的机构。中央研究院的历史语言研究所，规划为历史、语言、考古、民族四组，这是傅斯年从德国借来的制度，其目的是通过这四个学科的研究，来界定中国的内涵，确认中国的族群是如何融合并且终于构成一个复杂的共同体的。这一个单位，最大的贡献是在考古学方面，而且很快中国考古学就在世界上拥有了一定的地位。另一个研究所是地质研究所，是由李四光、翁文灏等人组织的，他们原来的目的是为国家寻找建设的资源，可是却在世界地质学上填补了中国这一地区的实证资料。这两个研究所都是用当时最先进的方法学研究中国本土的事物，取得了极大的成就，而且把中国的时空发展，归纳为中国对自己的认识。这种贡献，就远超于纯粹研究室的理论探讨，获得了意想不到的成果，使中国人清楚地知道何所归属。其他各研究所，也分别在不同领域为中国的现代学术发展奠定了坚实的基础。这基础在当时还是很微小的，可是若没有这些基础，不可能有今天海峡两岸高等研究的实力。

我们特别要提出的问题是对于古史的重新解释，主要是早在 20 世纪 20 年代中期就开始的讨论。这一番讨论，在北伐以后，许多篇讨论的文章集合成《古史辨》系列。顾颉刚是其中的主要干将。顾先生的观点是，中国的古代历史是逐渐累积造成的，中国的传说尤其如此。由于古代的中国由许多族群构成，每一族群都有自己的文化系统，也都有自己流传的传说；在中国逐渐统一的过程中，许多平行的传说，逐渐合成一套各群族都可以接受的文化起源解释，其间有许多重叠和再编织，大致是后来采纳的传说，反而要放在更古老的时代。于是，中国的古代在三代的前面要加上五帝，五帝的前面又要加上一串传说中的君主。

顾颉刚的目的是要重现历史真相，甚至于将一些古人的

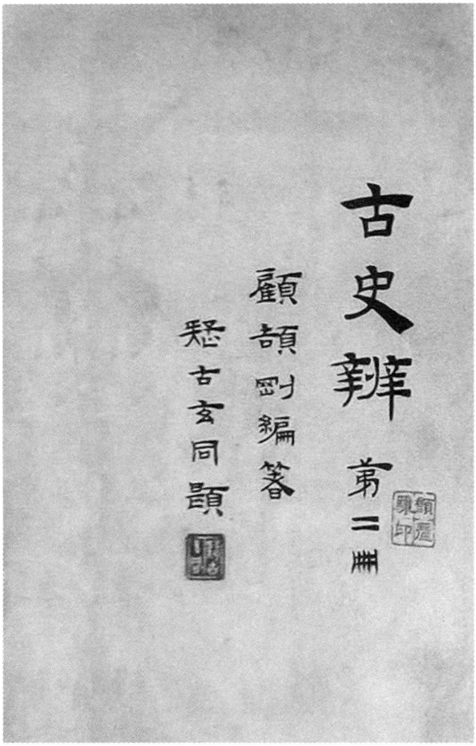

《古史辨》第二册。民国十九年（1930 年）版，顾颉刚编著，钱玄同题字。

名字——例如禹——追回他最初命名的本意。这一工作当然引起许多习惯于旧说者的惊诧和反对，引起许多的辩论。史语所成立以后，开展了考古工作，也对古代的文字有了系统性的研究。这些实证的研究工作，对中国古代的历史以王国维的二重证据法重新排列，得到更符合原来面貌的古代历史。现在，中国是一个多元、多民族的文化系统，已经是大家都认同的事实。对中国古代史重新解释，配合民族学和语言学的研究，产生出对中国文化发展过程的新理解，实际上有助于建立一个新的、更符合事实的国族观。

民间的化学工业集团，有范旭东❶、侯德榜❷和李烛尘❸三人将永利制碱、久大精盐和黄海化工联合而成的永久黄集团；他们还组织黄海学社，作为化工技术的研究单位。后来永久黄集团帮助几个主要的大学成立了化工系，也资助这些科系进行研究，开创了中国教研合作的先例。

---

❶ **范旭东**（1883—1945年）实业家，1914年起先后开办久大盐业公司、永利制碱公司和黄海化学工业研究社，是中国重化学工业的奠基人，被称作“中国民族化学工业之父”。

❷ **侯德榜**（1890—1974年）化学家，1939年首先提出了联合制碱法的连续过程，对纯碱和氮肥工业做出了重大贡献。

❸ **李烛尘**（1882—1968年）实业家，早年参加创办永利碱厂、黄海化学工业研究社，1947任久大盐业公司总经理。

李仪祉[1]是水利专家，曾经在陕西建设了关中八渠，也为河套开发了灌溉系统。他对水利的兴趣不仅在于灌溉系统而已，他有全套如何治理淮河、黄河的构想。在实际的工作之外，他还创设了河海学社，结合同志为中国的长程大规模的开发水利做种种的规划。后来，河海学社发展为今天的河海大学。

在美国留学回国的茅以升，专业是桥梁工程，回国以后他在东南大学（也就是后来的中央大学），创办桥梁工程专业，他也在河海学社培育新进。茅以升创办了中国桥梁公司，希望为中国的交通事业，尤其是桥梁的建设做出贡献；不仅是有所规划，而且可以实际投入建设。他亲手设计了跨越钱塘江的钱塘江大桥，这是中国人自己设计、自己建造的大工程。可惜，钱塘江大桥才刚通车不久，日本就发动“七七事变”全面侵略中国，他不得不亲手炸毁这座桥梁，以阻挡日本人向西进军。

在南京中央政府的军事委员会，也就是直属于蒋介石的单位，有一个原来是资源调查小组的工作团队，后来发展为

[1] **李仪祉**（1882—1938 年） 水利学家，曾任南京河海工程专门学校教授及华北、黄河、淮河与陕西省水利机关领导职务，中国水利工程学会创立人之一。

资源委员会，由翁文灏和钱昌照[1]等人领导。他们四处调查中国的矿产和工业建设的环境，为中国的建设做准备。这个单位和中央研究院各研究所与民间的研究机构充分合作，使得中国的建设有一些可以开展的蓝图。在他们所做的工作之中，至少我们今天应该记住的是：中国的钨、锌、锰和稀土金属，其大概分布情形是由资源委员会的同人们发现的；中国第一个石油矿，是资源委员会的工作人员在甘肃老君庙找到的。这些工作，都为建设中国的现代工业提供了必须具备的基础。这一批学者在不到十年的时间里，为中国尽了他们最大的努力。到今天，海峡两岸的石油人才和矿业人才，还有资源委员会前辈培育的人物。

将中国艰难整顿成多民族共同体

中国在进行启蒙后建国的工作，窥伺中国的强邻日本，却不愿意中国顺利地重建自己。日本少壮派军人在日本发动政变，杀害了许多主张民主的开明政治家——包括首相和大臣，夺取了日本文人政府的政权。实质上，日本变成了一个

[1] **钱昌照**（1899—1988 年） 英国牛津大学毕业，曾任国民政府教育部常务次长、资源委员会委员长。中华人民共和国成立后曾任全国政协副主席。

军人专政的国家。之后，他们以东北的关东军作为前锋步步进逼，希望压倒中国的抵抗，取得东亚大陆，使之成为自己的殖民地。同时，发动在太平洋的扩张以获取东亚的霸权，创建“大东亚共荣圈”。实质上，这个所谓的“共荣圈”就是一个横跨海陆的大日本帝国。

1926 年北伐开始，1928 年，日本在中国北伐军北进的过程中出兵济南，后来又不断地借故制造了许多纠纷。最严重的一次侵略，是 1931 年的“九一八”，日本突袭占领了整个东北三省，建立了伪满政府。中国当局衡量自身实力，没有能力在这个时候和日本直接冲突，于是希望以国际公法制裁日本。当时国际联盟也派人来调查，而且谴责日本赤裸裸的侵略。当然，在国际政治上，是只讲实力、没有公理的。东北此后由日本强占了十五年，要到抗战胜利，中国才收回东北。这十五年中，日本花尽力量建设东北的重工业，开发东北的资源，以蓄积日后发动太平洋战争的实力。“九一八事变”以后，日本又在内蒙古引诱若干蒙古王公建立自己的军队，号为自治，实际上是归属于日本。在华北，又进一步在河北省的东部建立所谓的“自治区”。这样的事件年年不断，咄咄逼人，直到“卢沟桥事变”发生，中国政府才奋起抵抗日本的侵略。

风暴前夕

日本制造的种种事件，当然加深了中国人的危机感。一方面，许多地方的军事领袖，有些是过去割据自雄的军阀，愿意接受中央号令，整军经武，预备大战的爆发；另一方面，中央政府在不同民族地区，也努力维持各族在中华民国体制下的归属感。内蒙古的王公，大多数并没有跟着亲日的东部王公投向日本；在新疆，地方首长虽然必须与苏联打交道，甚至于承受苏联的压力，然而在体制上，新疆还是中国的一省，并没有采取自治或独立的名号；西藏的达赖喇嘛和班禅喇嘛，在有清一代等于是皇帝的私属，在这个时期中央政府仍然监督班禅喇嘛的坐床典礼，无论是对国际还是西藏来说，西藏仍是中国的一部分。

在西北和西南各地，明清以来，本来就有各族自治的体制，例如西南的土司❶制度和西北的种种伯克❷、王公的酋长制。在民国时代，中央政府延续过去的传统，给他们地方首长的名号，让他们享有高度的自治权，却还是受各省政府的

---

❶ **土司**　南宋、元、明、清时在西北、西南地区设置的由少数民族首领充任并世袭的官职。

❷ **伯克**　旧时新疆维吾尔族特有的官名，是维吾尔语音译。以阿奇木伯克为长，伊什罕伯克为副，下设各级伯克，清政府分别加以任命，概称伯克。

约束。过去对少数民族的称呼，都有过歧视性的不雅称谓，经过民族学家的努力，民国时代的少数民族都换了称呼，以尊重各族平等的体制。

以上种种努力，目的都在整顿和确认中国是一个多民族的共同体，在一个主权之下立足于世界。中国的十年努力，也引起了东亚邻邦的注意。韩国早已沦为日本的殖民地，此时韩国的复国运动志士看到中国的榜样，在中国建立了复国的组织，而且将国家名称也定为大韩民国。法国占领越南已久，越南的复国运动者也组织了越南国民党，希望有一天越南也成为独立自主的国家。缅甸的志士制定他们未来的国旗，基本的构图是和中华民国的青天白日满地红旗非常接近的。远在南亚的印度，甘地领导的独立运动组织也设法和中国联络。即使在抗战期间，蒋介石也尽力帮助印度独立。他出席开罗会议的途中在印度换机，还想方设法和甘地见面，因此触怒了丘吉尔。如果没有日本的侵略，中国迈向独立自主的建国过程可能使远东各国的独立运动提早实现。真要说到辛亥革命的意义，这一个角度的影响也是值得我们注意的。

从 1926 年到 1937 年，国共之间不断地斗争。在国民党的中央政府掌握了城市后，本来想在城市发展的共产党不得不转移到江西，但两党的纠纷从未间断，中国的人力资源不断地消耗于内斗。一直到中共长征西北在陕西建立政权，救亡图存的危机感，使得许多社会大众不断呼吁两党放弃斗争、合作抗日。这个气氛终于造成“西安事变”，蒋介石同意全国团结，准备抵抗日本的侵略。这一转变，正如前面所说的种种发展一样，也是在民族主义的理想下无法避免的过程。山雨欲来风满楼，中国终究无法避免狂风暴雨般的八年全面抗战。但事实上，中国的准备还不够。单以武装力量来说，中央和各地方武力加在一起有数百万之众，但是武器陈旧、训练不足，也没有一个完整的中央指挥系统；多年的整编，只是引起多次地方和中央的冲突，并没有真正地重新整顿中国的军队；中国的兵工厂生产力不够，也没实现现代化；中国的运输力量，也不足以面对将要爆发的大战。日本人在卢沟桥引发的事变，正是符合日本少壮军人集团逼迫中国摊牌的计划。十年的准备，等于是一个小孩刚刚站起来，还没有足够壮大，就必须面临漫长的抗争，以保卫自己的国土。所谓的黄金十年，也可以说是流泪的十年。可是如果没有这十年的准备，中国大概只能任人宰割，沦为日本的殖民地。

第十一章

全面抗战，为国格而战

1937 年 7 月 7 日，在北京郊外的卢沟桥，日本发动了长达八年的全面侵华战争。这一次大战，在中国历史上也是少有的。过去中国被外族征服，战争都是使用冷兵器，双方力量不会十分悬殊；但这一次，却是日本人以当时最先进的武器进攻，而中国的军队还没有足够的现代装备来抵抗。因此，这一场战争使中国方面的损失极为巨大，不仅兵员伤亡数百万，城市被轰炸，乡村被掳掠，千万百姓逃亡内地，老弱转于沟壑，壮者疲于奔命，而且战线后面沦陷区的百姓，也忍受了八年的耻辱。

1986 年，我在美国召开一个纪念抗战五十年的讨论会，当时有位听众举手提问："许教授，这八年抗战究竟所为何来？"我的回答："人有人格，国有国格。这八年抗战争的是国格，经受百年的苦难和屈辱，不经过这一次的大战争，中国人站不起来。”到今天，又是二十多年过去了，如果有人再提出同样的问题，我的回答还是一样。毕竟，正是在 1942 年抗战期间，列强取消了百年来的对华不平等条约，中国从此可以抬头立足于世界。

世界已处在战争边缘

1937 年的世界，已经是“山雨欲来风满楼”的局面。欧洲方面，第一次世界大战中战败的德国重新崛起，再度成为欧洲的强国。德国在屈辱之下努力重振残局，也是在危机意识下，全国力量集中于恢复国家尊严。希特勒趁潮而起，挟德国人要自强的决心，揽权于一身，成立了一个高度专制的集权体制。意大利也是在努力自强的局面下，墨索里尼建立了一个集权体制。他们的敌人——英国和法国，曾经竭尽全力压制德国复兴，也对意大利甚为藐视，然而这两个国家联合的力量，竟然不能压制住德意的扩张和侵略。东欧的俄国，在第一次世界大战以后成立了苏维埃政权，经过列宁和斯大林两代的经营，苏俄的政权也是一个集权体制。

日本建立东亚霸权，最终的目的是要建立一个雄踞东方的大帝国。少壮派军人已经将朝鲜和中国的东北经营成日本扩张的后方基地，用当地的资源和人力生产日本的战备武器；

中国的台湾则是日本经营已久的南进基地，自从侵占台湾以后，日本以台湾的糖和米供给日本的需要，日本自己的农夫可以释放到工业生产领域或充当战争的兵源。美国当时还不是世界上最强大的国家，在这个各处军备竞争的场合下，美国以新大陆的资源和新兴的工业产品左右逢源，赚取了极大的利润。因此，当时的世界已经处在战争的边缘，中国其实没有太多时间可以准备，而且日本也不容许中国有准备的时间。于是，中国人在这种情势下，打了八年艰苦的全民战争，只因为不甘成为亡国奴。

蒋介石面临日本的步步紧逼，抓住这十年光阴勉强建立了一个有限度的现代国家，工业的生产还不够，军队的训练和装备也不够。他抓住了孙中山建国阶段理论中的“训政时期”，既没有制宪，也没有认真地发展民主制度。在那种国际氛围下，蒋介石也建立了一个专制的集权体制，以军事委员会委员长的名义，实质上成为中国的强人统治者，国民党机器也转化为集权体制的工具。同时，蒋介石也在大圈子里画了小圈子，培养自己的私人势力，尤其在军中，他以黄埔军校校长的身份，要求军人向他个人效忠。

蒋介石的军事顾问来自德国，而他自己的子弟兵有不少在德国和意大利留过学，带回来欧洲纳粹和法西斯的观念；他自己是在日本士官学校毕业的，对于日本的军事体制和军人专政的情形当然非常熟悉。这种种因素使中国沦于独裁统治的局面。不过，这也是当时的实际需要，以中国国力之弱及十余年内战分裂的后遗症，蒋介石的独裁体制不仅他自己振振有词，而且也获得当时若干人的赞同。可是，这种专制独裁的政权是一把双刃剑，在危急的时候，确实可以集中全国力量努力一掷；然而，权力是会腐蚀人的，绝对的权力腐蚀人的速度和程度尤其惊人。孙中山和国民党的理想是在中国建立一个民主政权，可是蒋介石终其一生没有放弃独裁体制。他和国民党的政权，终于成为大家批评和厌弃的对象，最后沦于败亡。这把刀的刀刃伤了他自己，也伤了中国。

没有凯旋的战争

中国一向是一个天下国家，关着门自成一个局面。俗话说“天高皇帝远”，普通的国民对于国家的政治其实不太关心，他们的归宿感小则存在于乡邻亲族，大则在于一省一县。也因为这种认识，民国初期的军阀割据，在许多老百姓心里也是很自然的事情。地方的军阀也自以为他们在保卫乡里，在建设地方。国家意识对当时的中国人来说，只有在大城市里面受过现代教育的人才有比较清楚的认识；身居内地农村的一般老百姓，只是模模糊糊地感觉到中央政府的存在。他们对外人的认识，往往仅是在面对外国的传教士和商人时，感觉到中国人和他们不一样，也感觉到被他们欺负。

这八年的战争，却将中国的老百姓惊醒了。他们才知道，日本人的飞机并不因为他们在内地而不来投弹；他们也才知道，日本军队一路杀过来，亲人被杀害，乡里被掳掠，都是因为自己是中国人，是日本要征服的对象。八年的辛酸和血泪，日本人用火光和死亡，为中国人铸造了强烈的民族意识。中国的政治体制，还没有做到全国总动员的能力，可是正是这种危机感，使得当时全体的中国人都不知不觉地投入了这场空前的战争。从沿海到华中，战火所及之处，千万老百姓抛弃家园，万里跋涉走向内地。至于内地的省份，以四川为例，一个省的资源和粮食要供给八年战争的大部分消耗，维持数千万难民、上千万兵员的生存补给，用四川人自己的话来说，“这是打国仗”。四川、湖南、湖北、陕西、云南、贵州、广西各处的居民，常常就让出来自己的房子，安顿迁移到内地的学校、机关和工厂。他们的子弟，一批批开往前线，投入毁灭性的战争。敌后的农村，时时刻刻要准备着日本的搜索队进入村子掠取物资，他们也欺负妇女，杀害青年。在敌后，“鬼子进村了！”是个催命的声音。

开战之初，中国用已经训练好的现代部队，在沿海地区尽力堵住日本军队的进攻。上海一战损失最大，中国刚起步发展的空军初试啼声，抵抗日本的空袭，支持陆军作战，半年内，这一支还在萌芽状态的空军人机损失严重；中国海军残余的军舰，都在长江口上自沉于马当[1]，使日本的大型军舰不能驶入长江。在淞沪战场上，中央政府的直属部队也是伤亡惨重，因为日本以近岸的军舰，用强大的炮火轰炸中国的阵地。台儿庄一役，中央部队和原来是地方部队的桂军、冯军和川军等协力作战，以四比一的伤亡歼灭了日本一个半师团。战况的激烈和牺牲的重大，可以川军一个师为例：中国军队合围之势快要完成时，他们急行军投入战场，堵住了一个缺口，将日军完全包围在内；战役结束后，这个师从师长以下，全员殉国。南京陷落，中央部队在大别山区和日军缠斗数月，消耗日军精锐。这些惨烈的战役至少向世界宣示，也向中国人自己表明，中国人即便是拼了血肉也要打赢这场战争。

我自己当时只是八岁的儿童，在沙市家门口眼看着一支川军部队出川奔赴前线，望不见边的青年士兵，都是来自农村，每人只有一杆枪、两条子弹袋，蹲坐在路边暂时休息。母亲和家人，正如同邻居们一样，烧开了水送给这些青年人饮用，几乎每个人都知道，他们此去不可能再回来。也正是在这种场合下，一个八岁的儿童，忽然成人了。八年以后，

---

[1] **马当**　山名。在江西省彭泽县东北，北临长江。山形似马，故名。

战争结束，我们又在复员途中经过沙市，那一幕幕情景，历历在目。

全民抗战八年的历史，有太多东西需要重新整理和报道：台儿庄之役外，上海战场上八百壮士弹尽援绝，退守四行仓库，还有年年夏天和秋天的会战等。到最后，还有日本打通陆上交通的第一号作战，大举进攻，中国几乎招架不住。八年间，中国奋起抵抗，有许多悲壮的事迹。例如，第十军死守衡阳、常德到最后一兵一卒；远征军从印度打回来，在缅甸丛林中寸土必争；华北敌后游击区共产党组织的百团大战和其他敌后抗战等。至于平民被杀害的事，南京大屠杀是最著名的悲剧；还有华北农村的“三光”政策，杀光、烧光、抢光；重庆三次被烧成白地，其他城市也在炸弹下全毁、半毁。整整八年，中国损失七百万兵员，其中包括两百多位将级军官；直接死于战争的平民不下两千万，间接因饥饿、疾病而死的又有二三千万。这是一场亘古未见的浩劫。在1945年，日本投降了，中国只是得到一个惨胜。

工业、高校及研究机构内迁

抗战前，中国的现代城市和工商业都在沿海地带，最深入内地也不过到武汉为止。既然要长期抗战，中国必须将这些沿海地区的设备迁入内地，当时有六百多家公私工厂迁入四川。迁川的工厂设备，先以轮船载运到武汉、沙市和宜昌，再用木船转驳进入川江。几乎有一年的时间，沙市江面上满满的都是白木船，等待着小火轮拖运。这些工厂，后来分布在四川、陕西、云南、贵州各地。有些工厂的设备，在内地翻砂复制，一个工厂变成几个工厂。就是这些破破烂烂的设备，维持了八年的民用军需。战后，这些工厂都没有迁回原处，而是留在内地成为内地工业化的种子。许多技术人员也留在内地，培训内地的技工。经过这一次折腾，中国的工业化地区，才扩展到沿海以外。

同样地，当时在沿海一带的大专院校也纷纷内迁。例如，北大、清华先搬到长沙，然后师生又步行进入云南。在昆明，北大、清华和南开合组成为西南联大，八年战争期间弦歌不辍，老师们夹着讲义逃警报，在树底下还给同学们讲课。其他许多院校也纷纷迁入内地各处，远到甘肃的西北联大，近处的重庆沙坪坝、成都华西坝等，都是中国培育未来建国人才的地方。甚至中学生也纷纷内迁，没有足够的交通工具，他们步行数千里到达不受空袭威胁的地点，组织成许多国立的“临中”和“联中”。这些十四五岁就开始上路的青年，在最偏僻的角落，一边军训，一边上课，然后投入大学。到抗战胜利时，当时的初中生也快要从大学毕业了。数十万的青年离乡背井，很多人的家庭还留在故乡，他们一无所有，也一无依傍，只是为了要在中国自由的土地上受教育。当时的教育部长陈立夫，要求政府拨给他几个师的经费，让他可以维持这些学生的生活。这些由公费维持生活的学生，是此后中国建设的主力军。

中国的研究单位也纷纷内迁，中央研究院的几个研究所，分散迁入不受空袭威胁的内地农村。以我曾经服务的史语所为例，就是搬到四川南充的李庄，借用当地大户人家的房屋。没有电灯，也没有足够的经费，在八年之中同人们没有中断过研究。在南京的实验农场，种牛、种猪、种鸡等，都是步行和乘木船入川。当时外国的新闻报道这些农场的动物，鸡蹲在牛背上，一群猪赶着走，小猪也放在牛背上和车上，拖拖拉拉地居然到了重庆。

国共形势优劣在抗战中完全颠倒

在内地的难民，加上当地居民，还有前线的兵员，大家的生活只能依靠内地少数几个省份的粮食供应。大家吃的都是“八宝饭”，包含稗子、沙粒等，只是因为粮食不够，再禁不起筛选和清理。我们那一代人身材都比较矮小，就是成长时期营养不够所致。内地的医药不够用，尤其在日本封锁了沿海所有港口，也封锁了缅甸进入中国的通道之后，外国生产的药品，最后只有飞越“驼峰航线”[1]一条路可以运入内地。于是，伤兵们躺在地上等待治疗，没有麻醉药也没有止痛剂，活生生地用高粱酒喷在伤口上，截断受伤的肢体。我曾经在湖北靠近前线的农村看到过，一次战役下来，数百个伤兵运回村子的晒谷场上，哀号呻吟之声日夜不断，三天以后，没有剩下几个人了。一般老百姓也只有重新依赖传统医药，例如，治疗疟疾没有现代的奎宁，只有用白杨树的树皮熬汤治病。日本人用飞机轰炸，往往一个城市能够被他们去掉一半，重庆曾经三次被炸成平地，那些受伤的平民百姓，能够活着回来的也没几个。

这八年的颠沛流离和艰难困苦，中国人熬过来了，他们不愿意投降。然而，人是血肉动物，这么辛苦的日子哪能没有反应？以知识分子而论，抗战开始时一般大学教员衣食丰足有余，到全面抗战第三年开头，因为物资缺乏，物价腾涨，薪资却不能调整，生活就变得困难了。以我记忆所及，全面抗战刚开始时，我们家里买鸡蛋，一枚银圆可以买一箩筐；到全面抗战第三年以后，鸡蛋已经是个奢侈品。当时因为通货的恶性膨胀，物价涨了不下百倍，一

---

[1] **驼峰航线**　1942 年 5 月，日军切断滇缅公路，中美两国被迫在印度东北部的阿萨姆邦和中国云南昆明之间开辟了一条转运战略物资的空中通道，这条空中通道被称作“驼峰航线”。

般大学教授衣食都不能周全，许多西南联大、中央大学的教员都必须从事副业贴补家用。一旦生病，能治活的不多，以我老师李济先生为例，他的两个女儿都是因为买不起药，在抗战期间夭折。

在这种生活条件下，人人都会有怨言。再加上蒋介石以“战时必须服从一个领袖”的理由，排除异己，封锁舆论，更引起知识分子的愤怒。所以，知识分子很少有对蒋介石满意的，一般老百姓当然也是怨声载道，他们不能说话，知识分子却要表达自己的意见。蒋介石在抗战初期声望极高，大家盼望他成为挽救中国败亡的领袖，到抗战中期以后，却是集全国的怨恨于一身。这一转换，正是共产党统战的好时机，结成了统一的抗日战线。国共两党的形势优劣，就在抗战中期完全颠倒。抗战胜利后，内战发生，中国没有真正复原，又陷入战火。五年内战，国民党政权彻底瓦解的根本原因，一则是国民党丧失了沿海的城市，不能以城市作为基地继续成长和建设中国；二则就是战争期间民心大失，大家希望穷则变、变则通。简单的一句话：八年全面抗战，中国的资源和时间都用尽了，如果战后有一段休养生息的时间，中国可以再度出发。可是，这个时机终于在战火中烧尽！

民国时期通货膨胀

下篇 帝国兴衰

第十二章

罗马帝国为什么崩溃

“帝国衰败”这个课题，实际上从20世纪初大家就开始讨论了。早在第一次世界大战前夕，大家就觉得西方的殖民帝国，像英国、法国、德国，都俨然是一代天骄，可是现在都衰败了。因此，当时就有一些历史学家拿周期性来讨论，说这次衰败是一个周期，从兴盛到衰败是一定的过程。

讨论了一阵之后，一战、二战两次世界大战，再加上中间的经济大恐慌，确实让很多人觉得整个西方文明走到了尽头，尤其殖民帝国是不是已经到头了。可是在二战以后，似乎整个西方文明又翻出一个新的高峰。所以，有一段时间，没有人再提衰败这个话题。而且，前不久还有人——例如福山❶——曾乐观地宣称：历史已经终结。“历史终结”就是说

❶ **福山** 弗朗西斯·福山(Francis Fukuyama，1952—)，日裔美籍学者，他于1992年出版的《历史的终结和最后的人》被翻译成20余国文字。

历史不会再变化了，接下来只是调适一下，这个小螺丝钉转转，那个小螺丝钉转转，这个机器就可以一直用下去。福山认为：资本主义、民主社会和科学技术就是历史的最后结局。这种乐观的情绪，大概在20世纪70年代到了巅峰。

历史是否已经走到了尽头

可是，20世纪60年代，就已经有人针对“现代”，提出“后现代”，认为“现代”已经过去了。

往前回溯，在二战刚刚结束的时候，眼光远大的哲学家，比如德国的雅斯贝尔斯[1]，就说西方文明不是可以一直走到头的，中间还会有大转变，而且他认为，大转变马上就在眼前。可是一般人不知道，也不相信，都认为经济荣景是永远可以持续的。尤其经济学家认为，对荣景的期待是没有问题的。那饼永远可以做大，财富永远增加，市场永远扩大，生产力永远提升，生活的品质永远可以改善——那是无穷无尽地往乐观方面走。一到20世纪70年代，有些人——例如前面讲到的福山，就认为资本主义形势大好，社会主义已经失败，此后天下太平。

---

[1] **雅斯贝尔斯** 卡尔·西奥多·雅斯贝尔斯（Karl Theodor Jaspers，1883—1969年），德国存在主义哲学家、神学家、精神病学家。

雅斯贝尔斯（1883—1969 年）认为，西方文明不是可以一直走到头的，中间还会有大转变，而且大转变马上就在眼前。

但是这个时候，也有一批历史学家就开始讨论这个问题，说“不对，历史是否已走到尽头这个问题还有待商讨”。第一批展开讨论的学者主要是在美国的学界，他们回溯大英帝国如何解体，讨论强权的衰落。这种论调后来愈演愈烈，最近十几年来一直有人在热烈地讨论这个问题。

我跟我的一批朋友，在艾森斯塔特[1]领导下，大概二十五年来——主要是前面的十五年，最近十年没有怎么聚会——我们讨论文化共同体、经济共同体等各种复杂体系走过的道路和将来发展的趋向。

我们这些人的背景比较复杂，有古老文明的研究者，如宗教学家、神学家、历史学家，也有现代文明的研究者，如社会学家、人类学家等。我自己又参加了另一批学者的聚会，加入到美国西南部（像亚利桑那州和新墨西哥州）研究那一地区印第安文化的一群考古学家中。他们在阿伯克基和圣塔菲有两个基地，我们主要就是讨论墨西哥的玛雅文化、秘鲁的印加文化，以及这两个文化怎样崩溃的因缘。

印加文化的崩溃很容易解释，被西班牙人连唬带蒙打败了，而且人被残杀，文化被破坏。这是西班牙人犯下的大罪，

---

[1] **艾森斯塔特** S. N. 艾森斯塔特（Shmuel N. Eisenstadt，1923—2010 年），当代以色列社会学家，新功能主义和现代化理论的重要代表人物之一。

天主教教会也要负大罪。但是玛雅文化在西方人到达以前就已经经历过两次转型，其起伏因果是我们非常感兴趣的事情。可惜玛雅文化没有留下足够的文字记录，只有许多的考古遗迹，我们不知道它的文化究竟是怎么崩解的。

因此二十五年来我就一直琢磨这个衰亡的问题。早在汉朝，大名鼎鼎的《过秦论》就讨论过秦帝国是怎么垮掉的。《过秦论》本身是很短的一篇文章，而且它只是一篇散文，不是真正端出证据来的学术研究论文。但实际上，大半后来讨论帝国兴衰问题的论文，跟《过秦论》的作者贾谊讨论的范畴，有不少竟是相符合的。

在 18 世纪，英国人爱德华·吉本写了《罗马帝国衰亡史》。罗马帝国一千四百年的历史是他终身研究的课题。这个课题写成六卷本大书，浓缩出来是一本小书。那六卷大书收集资料之多，讨论问题之细密，令人叹为观止。他是真正将文化和政治权力衰退再到完全垮台做最细致研究的人。他的观点其实跟当年贾谊的《过秦论》有很多地方类似。当然，秦帝国和罗马帝国很不一样，跨越的年代也不一样。秦朝就算从秦孝公用商鞅进行变法开始算起，到终结也不到两百年，罗马帝国却经历了一千四百年的发展。不过，一千四百年的罗马帝国，分分合合、起起落落也有好多次了。

罗马帝国的衰亡，吉本归结起来有几个条件：内在条件很多，包括税收太重、劳役太重、军人专政等，也包括官僚

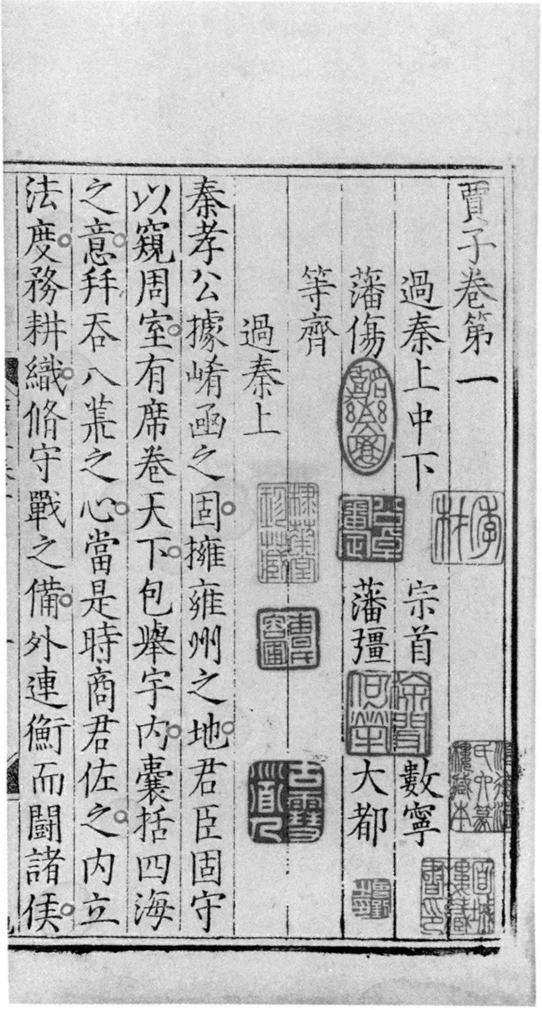
賈子卷第一
過秦上中下　宗首　數寧
藩傷　藩彊　大都
等齊
過秦上
秦孝公據崤函之固擁雍州之地君臣固守
以窺周室有席卷天下包舉宇内囊括四海
之意并吞八荒之心當是時商君佐之内立
法度務耕織脩守戰之備外連衡而鬪諸侯

《贾子》 明万历十年（1582 年）刻本，卷首即为《过秦论》。

集团的败坏，各地经济条件的衰败，经济中心的转移。凡此，涵盖面很宽，气魄非常宏伟。但他没有讨论到外在情况，比如说环境问题。他讨论的角度，还是讨论衰亡的传统方式，就是从内在条件着手。

另外，20 世纪初期有一批人，包括斯宾格勒[1]、汤因比[2]却认为，历史有个周期循环规律，有生必有老，有老必有死，生死循环是躲不开的。但是循环论走到尽头的时候，就变成数学推测了。这个就没道理了。人的寿命各有长短，国家和文化的生命周期也各有长短，也有各自所存在的条件，不能单单用循环论来解释。所以汤因比在周期性的发展之上加了一个因素：文化的接触与挑战——挑战与调节，这个非常重要的因素加进去，内在条件可作根本的改变。因此讨论这个的时候，内在条件已经扩大，加入了外面文化的接触。

近年来，因为考古学家的研究，也因为对气候和自然条件的讨论，研究者看到了环境对历史发展的作用。尤其是最近这几十年来，我们对环境因素非常敏感。这个环境的因素

---

❶ **斯宾格勒**　奥斯瓦尔德·斯宾格勒（Oswald Spengler，1880—1936 年），德国历史学家、哲学家，主要著作有《西方的没落》等。

❷ **汤因比**　阿诺德·约瑟夫·汤因比（Arnold Joseph Toynbee，1889—1975 年），英国历史学家，历史形态学派主要代表。其学术思想发展了斯宾格勒的史学观点，在西方史学界颇具影响，有代表作《历史研究》。

放进去，自然条件的介入就和文化接触、文化融合拼在一起，变成某种圈外的条件，打进了圈内条件之内。这个议题已经扩大了，但是我自己认为这两种解释都是不够的，后面我会说明一下我自己的想法。

综合起来讲，假如一个帝国崩溃的话，从内在条件来说，大概总不外乎官僚制度的败坏，军队的专政，老百姓贫富差距的扩大，人民工作意愿的降低甚至没有意愿等。吉本讨论这个问题的时候，他倒果为因。他说罗马帝国垮下来的最大原因，是因为基督教信仰的传入。他错了。罗马帝国垮掉，是因为罗马公民自己没有信仰了，基督教的信仰才趁这么一个空当很迅速地钻了进来。

罗马帝国为何衰亡

本来罗马帝国外围的所谓“蛮族”，其实他们不是那么野蛮，他们是新进入的雅利安人，转化为帝国的军队之后为罗马打仗。然后这些武装力量渗透到罗马帝国，最终才改变了罗马帝国。在罗马帝国晚期，贫富差异巨大，有大量的奴隶、贫穷的城市居民和许多失去土地的农民，他们要找心灵寄托的时候，基督教乘虚而入。所以基督教信仰上达公卿，下至平民。罗马帝国的上层本身已经空虚，内在的“公民精神”这一因素已经削弱衰败，不经一推。

罗马帝国本来是什么样的理念？而这个理念吉本为什么认为可以维持住呢？他认为这个理念就是罗马帝国城市居民的公民意识。对城市公民权的重视，使得城市共同体团结一致，构成了一个很强固的、罗马式的贵族民主制。贵族民主制度的本质，是中下层没有权利参加——公民是上层，只占全体人口的少数。他们认为罗马上层团结一致，就是工作效率高、制度良好等的原因。吉本认为基督教的传播导致这种公民精神败坏。我想这个是倒果为因，假如罗马帝国不是老早就丧失这个公民精神，根本不会让基督教有进入上层的机会。造成罗马帝国衰败的两个问题，一个是上层本身腐败，第二个是下层人数极度扩大和沉沦。经济上沉沦，生活上没有指望，就是所谓的贫富差距太大。

公民精神丧失的原因是从哪里来的呢？是帝国的无限扩张所致。每次扩张，罗马兵团——就是你们在电影上看见的，一队一队头上留发的兵丁列队行进——雄壮地出去，很少凯旋。胜利的将军带着他的部队占领了一个地方，不是做总督，就是用罗马的办法和当地原有的政权取得妥协，进行双线统治。罗马的将军、总督们占地为王，但是统治的法律、统治的权威，都委托当地原来的王或酋长去执行——试看英国近代的殖民政权，基本上都是用同样的方式——在得胜地留下的将军们和他的战士们，不再回到罗马。这种方式的直接后果就是导致兵源不足，本土空虚，罗马就把本来是邻邦的居民拉进来，变成罗马的公民；人数还不够，甚至于奴隶也一批批被解放，变成新的罗马公民，为罗马兵团出征。上层本身已经掏得非常非常空虚，“罗马公民”这个名词，实际上不断吸引了外邦人进来，而这些外邦人根本就没有什么公民精神。古罗马犬儒学派[1]，是他们公民精神所依附的思想系统，后来也无多少传承。

罗马帝国扩张最多的地方是东部，它没有往南部去扩张——南部是非洲，撒哈拉以南不值得扩张。往东扩张的后果，就是侵略到古代波斯帝国的地区，所以东罗马的首都就建在君士坦丁堡，也就是今天的伊斯坦布尔。就这样罗马的中央被掏空了，却在东边成立了新的中心。于是罗马有了东、西两个中心。

英美与当年的罗马相似

吉本的这一套分析方法、设定的这个模式，影响了20

[1] **犬儒学派** 古希腊小苏格拉底学派之一。认为美德就是关于如何抑制自己欲望的知识，能够自制就是善，不能自制就是恶；提倡“返归自然”，独善其身而无所求，宣称这就是人生的唯一目的。该派的这种主张被称为“犬儒主义”。古罗马时代的“犬儒主义”不再把一个人视为一个群体的有机部分，而是普遍法规和政府体制之下的一个个人。原则上所有个人在任何时候、任何地方都适用的法律之下都是彼此平等的。

世纪后半段历史学界的发展。尤其最近三十年到二十几年的历史学界，大家感觉到吉本描述的罗马帝国后五六百年的情况，实际上和西方帝国从大英帝国的扩张到美利坚合众国的霸权，其兴衰演变的模式相当类似。

大英帝国号称“日不落帝国”，在每个殖民地都和当地的土王合作，大英帝国的官员实际掌权。但是，这种模式并不真正依照大英帝国的精神来治理。大英帝国在各殖民地设立的制度，如印度、新加坡、澳大利亚的国会，都是大英帝国国会的翻版，但是没有大英帝国的精神。印度的国会跟英国国会相比，就犹如菲律宾的国会和美国的国会对比一样，貌似而神异。现在，从这个角度来说，英美上层也是在逐渐被掏空，美国当年立国者们的一些理想实际上也在被冲淡。美国现在的政治受制于财富，而不见当年华盛顿、杰斐逊、汉密尔顿[1]的立国理想。

美国的体育场和罗马斗兽场的残迹是很像的。你们到罗马去看那个遗址，圆形斗兽场和今天的体育场一个样子，今天球员跑出来的地方，就是当年放出狮、熊等猛兽的地方，另一个门放出斗兽师，在中间格斗。而当年罗马公民第一要紧的事，是一边享用着政府发的红酒、面包等各种社会福

---

[1] **汉密尔顿**　亚历山大·汉密尔顿（Alexander Hamilton，约1757—1804年），美国联邦党领袖，独立战争时期曾任华盛顿副官，后任大陆会议代表，主张建立中央集权的联邦政府。

利，一边观赏斗兽。罗马帝国后半段的时间里，有时候一年换一百个皇帝，三天一个皇帝，犹如我们残唐五代换节度使，小兵册队长，队长册节度使，节度使册天子。“册”本来是从上往下册，这是从下往上册。警卫军官可封皇帝，三天两天封一个，倒下来的皇帝，穿了三天紫袍——不是黄袍——就身首异处，或者被吊死。

各处殖民地的变乱也无时无刻没有，却是当地原有的统治者跟罗马兵团一起镇压当地的叛乱。耶稣说“我的王国不在这世上”，犹太法判定他死罪，还说他自称为犹太的王，这只是一个例子而已。耶稣在世的时候，许多地方有类似的运动，就是各处翻来覆去地抗争，也和今天对殖民强权的抗争很类似。

拿吉本所描述的罗马衰亡的过程和今天的情况来比，难怪许多历史学家、社会学家、文化学家也说，我们是快要走到帝国崩溃的局面了。

究竟可以如何对比？庞大的军费？罗马时代不需要做那么精密的武器，但是必须维持驻防的军队，住在耶路撒冷，或者在埃及的亚历山大城。每一个兵，要五六个人伺候他，这就是所谓的“兵大爷”。有人负责管他的马，有人负责管他的盔甲，和满人旗营的大爷——清朝后来进了满营的满大爷——一样，经常就是满城的将军，真正在册的士兵不会超过三百个，但是手下伺候的人可能有两千人。这种军队怎么打仗？但是必须维持这些人。罗马兵团亦复如此，这就是军费开支庞大的原因。

还有打仗时候的残忍。斯巴达克斯的奴隶造反，罗马用北方的蛮族来镇压斯巴达克斯的奴隶军，吊在木杆上的尸首，从罗马城一直到西西里，沿路排满了。这得杀多少人啊？被杀的是奴隶军，但奴隶军也不是死人，“杀人一千，自损八百”，罗马人自己军队得死多少？今天有强大武器的军队，人命死得少，可是死者也无辜得很。每天电视上都能看到在伊拉克的美国军队，二十岁的伍长，三十来岁的中士，一个个年纪轻轻的，莫名其妙就死掉了。四千个在伊拉克死亡的美国军人，代价是三万至八万伊拉克人的性命，这种代价不公平。罗马帝国就在这样的情势下，一步步损耗自己。今天，美国进入伊拉克、阿富汗作战的军人，他们的枪在黑夜里面可以用红外线自动瞄准。就扛着的这些武器，价值六十万美元。他身上是子弹打不穿的马甲，头盔是能够直接通信的，等于小雷达，也等于接收站。六十万美元一个兵，而今天驻留在阿富汗的就有五万士兵，你想人们的税都交到哪里去了？你看它撤兵回家，连子弹都不带回来，丢掉不要了，这个浪费你想想看有多大。这个消耗跟当年罗马的消耗相比，不知道要多几千万倍。历史上，任何帝国都消耗了资源，今天的消耗尤其迅速。因此，历史学家说，西方的强权正在走向穷途末路了。

第十三章

帝国的精神理念

罗马帝国的衰败，更重要的原因就是理念的逐渐丧失。我用了不少于十年的时间一直在讨论这个问题——当年对基督教的真神信仰。

英美社会的信仰危机

对基督教的神负责任的人生态度，在英美等国家，20世纪30年代还存在，40年代打仗时还存在，二战以后就逐渐以“向钱看”来代替“向上帝看”。基督教衰败有许多原因，贪欲是最大的缘故，而贪欲没有精神力量约束它。其次，在基督教宣教和信教的过程里面，一些教条太僵硬，不是宣扬精神本身，而是仪式和教条做主：认为我这个宗教不能跟别的宗教同存，你要信仰基督教就一定不能接受其他宗教；要么就是说别的宗教在胡说八道，我非灭了它不可。

现在是多元时代，信仰很多，为什么要单独信仰基督教？第一，多元之下怀疑自己的信仰，这是很重要的因素。第二，心理学发展、太空探索、生物学的发展等，使得灵魂的空间缩小到没地方可去。今天早上我看一条消息，我们这个宇宙是许多宇宙中的一个，我们宇宙里的暗物质[1]是看不见的，但是它里面存在着暗能量[2]，这个暗能量可以探测出来。暗物质无法看见、无法触摸，但是它在不断扩大，当暗物质扩大到一定地步的时候，我们就毁了。

因为基督信仰失去了，不仅是人自己没有内心的声音告诉你错了，你不应该这么做，而且周围群体、同人、社群、社区对你的约束力也没有了。因为社群、社区、城市在扩张，个人在稀释，社区散掉了，社群散掉了，你不知道也不在乎隔壁邻居他做什么，他想什么。

---

[1] **暗物质**　在宇宙学中，暗物质是指那些不发射任何光及电磁辐射的物质。人们目前只能通过引力产生的效应得知宇宙中有大量暗物质的存在，暗物质存在的最早证据来源于对球状星系旋转速度的观测。

[2] **暗能量**　根据万有引力定律，所有的物质之间都存在相互吸引力，所以宇宙中物质之间的相互吸引力必定使得宇宙的膨胀速度变慢，即宇宙膨胀应该是减速的。但观测表明，我们的宇宙不是在减速膨胀而是在加速膨胀。因此，宇宙的加速膨胀表明宇宙中应该存在一种斥力（负压强）的能量成分。这一成分在现代宇宙学研究的文献中被称为暗能量。

资本主义民主政治在垮台

资本主义最大的特点就是信用体系。日常生活中，这张支票我签出去，你能相信，就是因为你相信我。不然你看得起我吗？信用如果被贪欲改变了，问题就很严重。这次（2008年开始的）全球经济风暴就是贪欲造成信用破产。所以这是一个制度在崩溃，这个文明的许多支柱里面很重要的一支在垮台，民主政治在垮台。

媒体掌握了宣传，钱财掌握了媒体，穷人别想影响媒体，穷人同样买不到国会议员的支持。中国台湾有些"立法委员"是被某个财团"包掉"的，跟中国台湾一样，美国国会三分之二的国会议员，尤其是南方的都是被富豪"包"的。而愚昧的老百姓会跟着"茶叶党"❶或一些晚上播音的、极会煽动的电台走，听他们的想法。但是这些人不从道义上讲，不从公平上想，他们所谓的公开公平竞争，其实只有公开，没有公平。所以这个第二根支柱也撑不住了。

这两根支柱烂了，剩下的支柱就是科学技术。科技的"技"已被富豪"包"了，科技的"科"依附在大学上，大学慢慢

---

❶ 茶叶党（Tea Party）指2009年在美国兴起的一股势力。"茶叶党"不是一个正式的政党，它只是一场民众运动，其参与者多持保守观点，如主张"小政府、低税收"。目前"茶叶党"在美国社会影响力渐长。

被钱控制住了。所以，看上去我们研究人员还有自己的研究自由，但是要申请研究经费的时候，整天都按照评审委员会的想法做，把灵魂也卖掉了。所以最后剩下的科学和学术本身的良心能维持多久？但是这个良心很可能是突破之后的主要力量，这是我之所以劝大家把《大国的兴衰》拿来和吉本的书对着一起来看的原因。

用科学讨论真善美

在罗马帝国崩溃的时候蹦出一个阶层，那就是城市里边的工艺师、工程师、工匠、技术人员、教书的老师、艺术家，他们依靠城市里边不受封建制度管束而有一点生机的自由市场，维持一个小大学。那个时代的小大学，通常只有三个教书匠，每人背着个木头箱子装了几本书，三个教书匠在一起，租一间房间就是一个学院，三五个学院合在一起就是大学。这就是当年的自由精神出现的场所。所需不多，几块钱就可以让你上学听两个礼拜课。这些教书匠、艺术家、工程师打下了一个新的学术基础，等到文艺复兴，大量的古代经典又从远方的图书馆重新被学者们带回到人间。知识，再度从神回到人。文艺复兴时期画家画的图画也都是最真实的人。人的重新发现，是后来启蒙运动的主要力量。

启蒙运动就是靠城市里面的这种自由精神，它的基础就在于追求真正的知识，追求真正的现实的世界。但是基督教精神把神抽象化，我对着抽象化的神，我要对他负责。这个是新教精神，所以新教教会里面没有神像，只有十字架。我们下一步的大突破，我认为是科技文明，而科技文明将来衍生出一套理念，包括善恶、真伪，又由此规律化出来美丑，要真、善、美三个条件约束我们的良心。这个条件在科技文明中衍生出来，但是需要配合什么呢？要配合人的理性。

我讲过，在无数宇宙里面的小宇宙，小宇宙里面更小的太阳系里头有更小的一个行星，这个行星里面多少亿年里的一小段时间里面出现的小动物，这些小动物的一种叫人。人里面有我们一个，这样看来我们连一粒微尘都算不上。

用佛家的话来说，我们就是恒河沙数里面一粒小沙，微不足道。可这一粒小沙有个了不起之处——他有理性，能够获得知识并形成智慧，从智慧里面可以造出一个东西——人性的小天地间有一个永恒，这永恒是上帝，这永恒是道。这个是了不起的认识，靠这个，人类在整个宇宙里面非常短的一段时间里，居然可以过得有声有色。这个是科技文明在重新定义的时候，最主要的基础。所以这个题目我非常愿意讲，因为这个确实是我最近三十年来，一直在追问的问题。这三十年来，我没有按照学术界的习惯，将中国的东西用西方的理论解释。我在寻找的是另一类知识，很累，但我不懊悔。我觉得一辈子活着，能够用下半辈子专门想这个问题，就值了。

我最近在找一些科学家帮忙，盼望科技人文互相了解，也许就从科学的思考中，能够衍生出可以讨论真善美问题的要素。生物医学家钱煦先生是研究血液流动的。血里面有红血球、白血球，有血小板等，血管相当于一条河流；所以他用流体力学来讨论血液流动的方法，而血小板移动的方式回旋周转，就等于一条没有桨、没有马达的小船，在河流里面它自己循环周转的方向一样，一堆血小板彼此迎拒、周转之间，在他看来像跳华尔兹。他拿华尔兹的舞曲来和血小板的动作配合在一起，完全合拍。天地之间有种美，这个美是自然的美。音乐家感觉那个美，用音乐来告诉我们这个韵律；舞蹈家他知道这个美，用舞姿来表现那个永恒的东西——韵律。他的感受跟我对历史的感受一样。我的《万古江河》，想表达的是历史也是河流，我们合拍的就是都用流体力学的观点来看问题。这种想法跟我们同僚们的想法是很不一样的。

这个题目，最初从帝国崩溃开始岔出去的，一岔出去就跑到宗教了，在宗教上就讨论了许多问题。这两个话题都没有完。我们是唯崩溃还是唯宗教？前面讲到罗马帝国的崩溃，讲了一半，着重点是指明吉本的说法有点倒果为因，认为是基督教让罗马帝国崩溃掉。其实不是，罗马帝国自己没有信仰以后，留下了空白，基督教正好填补进去了。实际上来说，

天地之间有种美，这个美是自然的美，音乐家和舞蹈家都知道这个永恒的东西——韵律，《万古江河》想表达的正是这种历史的韵律之美。

还有许多其他的原因。

罗马帝国崛起的原因

任何一个大的系统都是多元的、复杂的。帝国是一个系统，我们人的身体也是一个系统，都很复杂。

我们以罗马帝国为例来说。罗马帝国实际上是继承希腊这样一个没有完全成形的帝国而来。希腊帝国没有真正的国家属性，它的核心就是以雅典为中心的几个城市，构造了殖民和商业的概况。这一强权，最大的功劳不仅是把地中海变成了内海，整合起一个大的商业网，还有它将各殖民地的生产——包括农业生产和其他产业比如生产盐、挖铁矿这类的工作——也都集中到了地中海周边。希腊大帝国——希腊化的世界，有点像今天美国的情形，它没有称霸，可它是一个核心，工业、经济、产业的各种部分都扩散出去，而核心支柱在中间。核心富足，才能维持必要的武力，维持帝国的秩序。

可是等到整个大的地中海世界形成以后，因为希腊内战——不仅有城邦之间的内战，城邦之内还有内战，整个帝国不断有不同政见团体和不同利益团体的争斗——核心都垮掉了。

这以后，罗马城以及整个意大利半岛地区因其边缘的地位没有卷入希腊世界的大争斗，因此保存的实力最多。另外，它后面还有一大片西地中海大腹地。西地中海包括什么呢?包括法国(当时叫高卢)以及西班牙这一块，它们都是罗马的腹地，就等于罗马面对着一个大的希腊世界。罗马的后面还有一个广大的腹地，在北非的西面、北面、南面，这三面构成的半月形的后方基地，支持了它在前面斗争的力量。所以它就变成了一个新的罗马帝国，罗马兵锋四出，处处得胜。

帝国中央的逐渐空虚

帝国这个多元的产品，是需要用不同的方法来治理的。早期的像波斯帝国那样子，就是派总督管理属地。罗马帝国不像希腊世界一样以经济力量来维系，而是用军队来维持。罗马兵团驻屯在各处——今天地中海四周最多的考古遗址就是罗马兵营的遗址。罗马兵团跟司令官在各处住下来，于是罗马城里面一批一批本来是农民的人当了兵，最后兵源不够了，先由周边的农民补充，周边兵源不够了，就征发奴隶，提升为公民，从北非到俄罗斯的奴隶都有。公民的人数多了，品质却复杂了。这些新公民又分散出去驻屯各处。所以罗马帝国从它的巅峰状态开始，有四百年之久，持续不断地掏空中央核心。核心人口掏空了，人口结构怎么改变?除了最有钱、最有力量的大贵族以外，就是大批奴隶，或者是刚刚由奴隶提升的公民。原本维系希腊和罗马的精神，跟中国的道家和儒家是一样的，是虚无学派和斯多葛派，两个学派的对立和互补，构成了希腊、罗马的精神。在内部被掏空而不得不将大批奴隶逐渐转成公民后，希腊、罗马的立国精神便没有了。社会上层，本来是市民的精英，富足安乐，也只顾享受生活。罗马帝国的末世，基本上是人口品质降低，他们也缺少生活的精神价值。

下面，我要讲的是经济方面。

本来条条大路通罗马，罗马帝国中央指挥系统是神经中枢。当这个神经中枢不能发挥作用的时候，各处分支的中心就出现了。北非靠近东边有一个中心，就在今天的埃及河口，当年叫亚历山大城；在亚洲和欧洲交界的地方有个中心——伊斯坦布尔，那里是东罗马的首都。这几个中心逐渐形成了自己的地区性特点。我们看吉本分析的罗马经济的发展就看得出来，各个中心自己变成区域性中心以后，大支柱没有了，各地形成了小支柱，再到后来垄断了中央的政权、中央的经济，这个是罗马帝国扛不住的最大原因。

罗马本来为了统治东方，派副皇——副的皇帝——分管帝国的东方，年深日久尾大不掉，渐渐不再听中央的号令了。甚至到基督教教会成立以后，东边教会与西边教会都是分开的。东罗马帝国在伊斯坦布尔成长起来后，罗马帝国本身力量大为削弱。刚才讲到的亚历山大城、东欧的华沙，甚至于和北非非常接近的西西里岛，处处都是地区性的中心。

查士丁尼一世（483—565 年），东罗马帝国皇帝。395 年，罗马帝国正式分裂为东、西两部分。476 年西罗马灭亡，而东罗马继续存在了很长时间。查士丁尼一世是东罗马帝国一位重要的皇帝。

这五六个中心根本不服罗马帝国管理，财政上、经济上逐渐变成地区自己控制。它们不听中央命令了，罗马帝国就非垮不可。

而罗马帝国要维持不垮，就得继续把军队调进来。精锐的部队调进首都来防卫首都，进来之后这些人就要自己称王、篡位；另外一支军队不服气，就打进来又篡了位。末世时罗马一年换一百个皇帝，等于三天一个皇帝，真是混乱不堪。

基督教的兴起

这个时候基督教出现了。基督教是在罗马精神空虚的空白中出现的，它的成长非常辛苦，因为罗马帝国一直把基督教定位为犹太人的复国运动组织。它本身只是个宗教组织，不是一个政治组织，可是罗马却认为它是政治组织，抓得非常凶。但是，基督教的渗透力非常强大。罗马城地下的大坟场——罗马的坟墓是埋在地底下的，地面上的城是罗马城，地底下的城是坟场，非常广大，也有规划的通道，分成一区一区——这就是基督教聚会的场所，他们不敢在地面上聚会，就在地底下聚会，可见它的渗透力之强。最后基督教渗透到了外族进来的军队里。罗马自己的兵不够了，就到外族招兵，外族都是穷人，穷人和穷人容易说话，基督教就渗透进去了。

等到基督教渗透到外族的军队，罗马皇帝发现，如果不举起十字架的旗，军人们就不听话，罗马帝国才不得不公开承认基督教，然后基督教才变成皇帝支持的国教。这个时候罗马帝国就变质了。除了这种变质之外，罗马崩溃最主要的原因是经济的垮台。到后来罗马帝国终于四分五裂下去，各族的外国军队纷纷割据，建立了自己的地方政权，这就是西欧和中欧封建制度的开始。

我们要知道，欧洲的这个“封建”和中国传统古籍里面所说的“封建”是不一样的事情。中国的封建是周人有计划地分封自己的子弟去掌握东方被征服的地区，而罗马的这个“封建”是借用中国“封建”两个字翻译过来的。罗马帝国所谓的“封建”，讲的是地方势力在各处占山为王，占地为君，有的自称伯爵，占领地方大点的还自称侯爵，地方再大的，几个国家并在一块就有一个王。这是从下往上的发展，而不是从上往下，和中国通常所说的“封建”完全是两回事。但是马克思搞不清楚这个，就把两者比在一块。于是，近代中文在对历史的解释上，就都用了“封建”两个字。把 1840 年以前的中国统统都叫“封建社会”，这是完全不懂历史。

第十四章

帝国的制度系统

帝国要持续，必须有精神力量支持。罗马变质后，基督教的教士组织了教廷，用基督教精神力量来统治大小诸侯，神圣罗马帝国[1]仅是个空壳。神圣罗马帝国的皇帝，是诸侯选出来的，十几个大诸侯再加上几个大主教一起投票选出来的，这一“帝国”其实是空的。神圣罗马帝国是一种世俗的组织，上面真正管它的是基督教会，是罗马教会。

---

❶ **神圣罗马帝国**　962 年，德意志国王奥托一世在罗马由教皇加冕称帝，是为帝国之始。其统治者以古罗马帝国和查理曼帝国的继承者自命，疆域最大时，包括德意志、捷克、意大利北部和中部、勃艮第、尼德兰、瑞士及奥地利等地。13 世纪末叶，德意志分裂为许多独立的封建领地，皇帝徒有虚名。1806 年，神圣罗马帝国被拿破仑推翻。

用精神统一的帝国

罗马教会主教设立的组织架构是什么呢？它仿照波斯原来的传统，派驻总督（主教其实就是总督）到各地。罗马教会能统治中欧、西欧、南欧这么长久，就因为它有一个中央集权制，它不像罗马那样权力不集中。罗马教会不仅能够集中掌控精神权力，它还掌握了世俗权力。王公、诸侯如果不听话，教会可以开除他的教籍，这样一来谁也不能和他来往了，他就完了，这个力量反而是神圣罗马帝国和教皇能够维持帝国的真正因素。但神圣罗马帝国不是真正的帝国，这只是一个经济、政治上的联盟，是用精神统一的大帝国。这个基督教的帝国要等到宗教改革时才崩溃。

神圣罗马帝国的内部，成分复杂。那些诸侯自己独立在各地落地生根，比如说本来在波罗的海到里海之间的一批日耳曼人的祖先搬到中欧，中欧附近其他原来的民族不止一种人，也是一批批过去的。这些人相互吸收构成了大的日耳曼集团以后，他们力量强大了，就会想：为什么国家每年莫名其妙要进贡多少钱给你罗马教会？为什么你主教一个命令下来我就非得听不可？我可以管我自己的事情。于是由地方化开始了民族本土化，他们纷纷从学理上寻找自己的根源，证明自己不是罗马人，而是日耳曼人、法国人、英国人等，自己找自己新的认同。

实际上，这种改变的根源在于权力和利益的地方化，地方政府必然要求把自己从只有被管理而没有实际好处的大机构里面解放出来。这可能是宗教改革的第一阶段，然后一直经过思想的革命，也即是启蒙运动，接着第三步再经过民族国家的革命。从宗教革命到拿破仑的革命为止，民族国家不断形成，大帝国持续解散，这是秩序本身里面多元因素的崩解，不是外来的力量影响所致。

帝国系统的“蝴蝶效应”

一个政治共同体的内在结构，必须取得各方的平衡。内聚型的发展是往中央集团挤，扩散型是往四周分散。四周分散要有条约关系和利害的均衡，构成一个不能太近也不能太远的制衡。这种制衡的局面一旦形成就可以长期发展，维持几百年。中央一垮，而在新的各种地方力量没有构成制衡的局面之前，就是动态发展阶段。列国制度，就是在永远不断调整它自己，因为常常难以持续下去。任何中心力量（最强大力量）都不能维持太久，像美国就不能维持太久。

就拿近代的列国来说，曾经英国、德国联合起来制衡法国，后来英国又强大起来，但是中间也经历了起起伏伏。为什么会有起起伏伏呢？每一个国家本身又是小的制度体系，小的制度里头也有文官制度和经济力量、军事力量之间的互相制衡。

现在的各国，官僚体系的效率都在衰退。英国、法国、德国都有统治集团本身逐渐老化、败坏的现象。大系统分解为若干小系统，小系统套着小系统，任何小的系统出一个问题就可以影响大的系统。用系统论来解释的话，就是任何东西不能固化，一固化它就死。如果它没调节能力，任何地方出现一个小破洞，它可能就全垮了。佛家叫“成、住、坏、空”，或者是“生、住、异、灭”。“生、住、异、灭”说的是生物体从成长直到消亡这个过程，“成、住、坏、空”说的是非生物体。佛家的这种说法很对，“异”就是分化，“灭”就是垮掉了，任何生命都会经历这个过程。

比如说，有一个单位有五个人，从四十岁到七十岁，在职务上分配得非常好，大家互相信任，互相合作。这五人开了新的公司，资金、经验、干劲、能力、技能都有，后来二十岁到三十岁的人进来，这些人进来找到位置，这五个人拉拉扯扯，就变成动态的系统了。除了性格的问题，还有用人是否适当、才力与职责是否相配，种种问题，从国家到家庭以至任何群体，都不断面临自身的变化。一处变化会引发更多变化，小的变化就影响到大的变化，最后影响到一个国家的变化，国家的变化甚至影响到帝国系统的变化。所谓“蝴蝶效应”，讲的就是这个道理。为什么许多帝国、国家到了后来衰弱了？说到底，第一点是权力会腐蚀人，掌权久了，不舍得放下；第二，他会期望把自己的权力交给子孙，永远把握权力。

权力诱人，造成纷争。举例言之，一个教派的大师带领一批徒弟，开始时大家一团和气；随着教派成长，徒弟中最听话的就接他的位子，最反叛的弟子就叛出去，变成两个学派。这就是前面所说的“生”“异”，“异”就是分化了。等他成功以后就“异”，“异”了以后就完全乱了。所以各种各样的权力，各种各样的利益，都会因为中间这种因素而造成小集团的变化，影响大集团以至整个帝国的变化。

举一个例子讲，法国国王路易十三——路易十三很像雍正皇帝，残忍、厉害、斗争本事特别强——用了一个红衣大主教，他们两人一文一武，一世俗一神权，奠定了法兰西大帝国的基础。路易十四像乾隆，享福得很。法国在路易十四时期看上去是欣欣向荣的——全世界最大的国家、最富的国家，路易十四号称“太阳王”，举世瞩目。你们看过小说《三个火枪手》，里面有一段就讲到了路易十三和路易十四。但是到了路易十四时，教会的主教和世俗的王室分开了，路易十三时与红衣大主教的那个合作没有了。这个时期，宫廷里面就开始有一些近臣，像和珅一样的人物，另有一批死干活干的大臣，还有一批很忠于皇室的近卫军，就是火枪营。这个就是内部的分化。从那时开始巴黎市变成财富中心，到今天法国只有一个城——巴黎。十个二等城市加起来，也比不过一个巴黎，是为外省。可是，省区掌握的军队比中央近卫

法国国王路易十四（1638—1715 年）。路易十四时期，法国看上去欣欣向荣，是全世界最大、最富的国家。

军强大，中央和边缘易位，法兰西帝国就慢慢衰落下去。

法国大革命说到底是场社会革命——社会的分化太极端，穷人太多了，富人太富了。穷人起来革命，各省区军队来勤王，结果是地方军队和革命的群众一起推翻了皇权。到了大革命后期，今天甲杀乙，明天丙杀甲，今天我宣判谁是革命的叛徒，明天自己又被宣判是革命叛徒，统统掉脑袋，一天掉十几二十个。为什么？不是政治理念不合，是因为每个领头人物后面有一支军队支持。法兰西帝国就这样垮了，从此没能再重振雄风。法兰西帝国一直不知道怎么样让权力分散，一直让巴黎成为大家统统要去争的红苹果，这是法兰西最大的苦处。

“将就”出来的大英帝国

相对来说，英国的政治制度弹性很大。英国是一波又一波地换政府，每一波新的政府当政，原来的成员靠边站。征服者进入英伦三岛，通常并不赶尽杀绝，经过合作，通婚姻，加封号，不动摇你的基础。一个地方领袖封了侯爵，他就忠于新主，不忠于他原来的王了。英国的罗宾汉❶不是江湖绿

❶ **罗宾汉**（Robin Hood） 英国民间传说中的侠盗式英雄人物，出没森林，劫富济贫。相传罗宾汉活跃在12世纪，人称“汉丁顿伯爵”，关于他的民谣和传说在英国民间广为流传。

林，而是萨克逊的一个贵族。萨克逊族建立的王国败了，余众以打游击为生。后来盎格鲁人收编罗宾汉这批力量，两族合在一起是为英国人的祖先。

其中，教会也扮演了一定的角色——英伦三岛的教会和罗马一直是若即若离的，因为距离太远，所以它们和世俗权力结合得最密切。等到后来亨利八世和罗马闹翻的时候，英伦主教宁可和亨利八世合作，也不愿和罗马教皇合作。教会就帮着这些个不同族群的王国，构成了一个英伦三岛上新的共同体，这是世俗权力和神权的另一种结合。靠联合王国之间互通婚姻来稳定政治，用主教的教权来维系人心，用共同礼拜来构成了这种新的东西，这里面没有一桩事情是传统的、合法的，诸多事情都是靠妥协将就出来的结果。

所以英国的王室本身，和今天的王国根本是不相干的。它迎来一个没有兵、没有土地，只有空头番号——伯爵——的一个远方女婿来做国王。这样的王国，国王听话，贵族和主教说啥听啥，什么都将就。于是，出现了一个什么事都能调节的王国。

英国在克伦威尔时代，百姓起而革命，克伦威尔杀了一个国王，自己担任“护国”。从革命中得到好处的，是一帮城市小店主、乡间小地主、小富农等组成的军队。很多人以为他们都是城市里面的小资产阶级，其实也有乡下的地主。地主有个特别的好处，他有地、有粮，还有人，可以组织军队。城里面百货店老板组织不起来军队，百货店老板最多连老婆带儿子三五个人，搞什么军队？但地主却可以组织军队，这批百姓是新的中产阶级。

英国的不涣不散，就是靠“将就”，什么时候都马马虎虎，由惯例变成法律，弹性够大。拿英国、法国这两个国家对比着看，就可以看出哪个容易垮，哪个不容易垮。

大英帝国的建立，大陆上没有它的余地——法国和日耳曼帝国的后裔还在战争，从西班牙到东欧，处处是战争。英国最多是坐观成败，在鹬蚌相争的时候，我渔翁得利。哪边快要输了，我给它帮一把倒过来，它赢了我占点便宜，如此而已。英国的政策是往海外发展，发展商业，发展殖民地，慢慢形成一个“日不落”的殖民帝国来。它这个殖民帝国也不是靠皇室力量建立，而是组织公司去海外开拓。这些公司像海盗一样出去，能殖民就殖民，能做生意就做生意，碰到人家西班牙船路过的时候，路上拦袭劫夺金银财宝。等到外敌来犯，这些人员就回来救援。慢慢地这些团体就合并成立皇家公司，例如东印度公司经营印度和太平洋地区，美洲公司经营美洲地区。等到东印度公司做了一阵之后，由皇家收回经营。所以皇室在各地经营的分站，本来都是货运站、仓库，后来变成公司，在中国叫洋行。

大英帝国整个的经营，是逐渐发展的。本来英国的人员只是帮助印度土王收税，管警察和治安；土王的孩子也在英国受教育，通常还会派一个秘书陪读。回去的时候，下一代土王、秘书和助手，都成了英国人。通过这种马马虎虎的方式，印度大陆都属英国管理了。糊里糊涂，英国发展为“日不落”的大帝国。等到第二次世界大战后帝国解散，也和平地下旗回国。大英帝国的力量，保持到今天才慢慢削弱，却由当年的殖民地美国接下了霸权。

将英国和法国的殖民帝国对比，英国起家时并没有一定的策略，也没有一定的制度，从无到有，从兴到衰，都因应情势，自然而然；法国则处处按照一定制度管理，结果是来也辛苦，去也辛苦。两者一柔一刚，过程和结果竟如此不同。

第十五章

罗马帝国与西班牙、英国之比较

我曾经在第十二章提到吉本的《罗马帝国衰亡史》。吉本是 18 世纪的历史学家，这本书也是经典著作。他拣选罗马帝国一千四百年历史作为个案，时间跨度非常长。在这一千四百年间，罗马帝国改变了内在性质和外在情境，吉本是第一个彻底精致处理这个问题的哲学家。

吉本关于罗马帝国崩溃的观点

吉本的处理方式，首先是讨论罗马帝国的各地如何和中央疏离，其中最大的危机是东、西罗马的分隔。东罗马帝国皇帝本来是西罗马帝国的副皇帝，后来两边变成竞争和对立的状态。吉本也讨论罗马帝国和其他单元一步步地疏离，这最终导致罗马帝国的崩溃。

吉本着重于资源是否能集中或分散，也讨论到军队是否对中央效忠。他最大的注意点是罗马城当年的共和国里面的公民精神——罗马共和国算是民主政权，它的政权不在老百姓手里，是在市民手里。但老百姓对罗马帝国有很大的认同，这种公民的归属感和认同感是罗马帝国可以在地中海逐渐扩张的主要原因。公民对罗马城是绝对的效忠。

可是，吉本认为，到后来这种公民意识逐渐淡化，代替它的是基督教。基督教将罗马大多数的人民转化，使其认同这种外来的宗教。吉本对基督教的印象不太好，他认为基督教和世俗政权竞争。基督教的精神有相当成分是虔诚而消极的，和罗马公民的积极参与很不一样，所以，尽管他认为罗马帝国崩溃有军事、政治、经济和信仰等方面的原因，在他的语气里面所表现出的是，新接受的基督教信仰销蚀了罗马人的志气。

也因此，吉本的分析虽然非常周全，但在大部分的基督教世界，除了一些自由主义者，信仰基督教越虔诚的人越不喜欢吉本。他们称他为异教徒，认为他误解了基督教精神。我认为这是对吉本的误解，因为吉本讲的是15世纪期间天主教廷存在的现象。

吉本列举许多的因素，比如说资源不集中、管理无效率、军队跋扈、信仰渗透，但他的陈述其实并没有讲到这些因素之间的关系。我个人认为，他如此列举而不分析的缘故，是

爱德华·吉本（1737—1794年）像。在这一千四百年间，罗马帝国改变了内在性质和外在情境，吉本是第一个彻底精致处理这个问题的哲学家。

他不理解一个共同体。任何共同体包括帝国、包括人的身体在内，内部各个部分都是互相依靠、互相牵制的，牵一发而动全身，一个垮了就全部都垮了。这几个因素中，吉本没有分辨其先后顺序。

快速而无时间充实的扩张

若是我要做点区分，我认为罗马帝国本身是一个快速而没有时间充实的扩张形态。一批批罗马军团由将军率领征讨各处，很快占领一块块的地方，北到高卢（今天的法国），南到非洲，东到整个小亚细亚以及中东地区，当然也包括欧洲大陆一直到今天的东欧。这一大片土地本来都是不同的民族和文化据有的一些城邦，每一块被征服的新土地，都有不同的政治制度和社会结构，更有不同的文化背景。

罗马是以武力征服这些新的地区，它对每个地区的管理实际上是监督，而不是真正参与。往往是由当地原来的政府继续管理，而罗马将军率领的军团在旁边监督。大家最熟悉的是《圣经》里讲的犹太人的情形，犹太王希律王[1]统治以

---

[1] **希律王** 在耶稣生活的时代（1世纪初期），以色列地区是罗马帝国的殖民地。罗马帝国仍然让当地人治理本地，希律王就是这一地区的犹太人的王。《圣经》中有多位希律王。

色列国，犹太教的教士是非常有权威的统治精英，罗马的总督彼拉多[1]并不过问以色列国内政治。如同大家熟知的例子，耶稣基督最后被判处钉死在十字架上，彼拉多说这是你们最后的决定，我洗我的手，我无罪。

整个过程从审判到宣判死刑，是按照犹太人自己的法律进行，罗马帝国并未介入。我们熟知《圣经》的人知道，犹太人挑战耶稣要他回答一个问题：恺撒大还是你的上帝大？耶稣的回应是：恺撒是恺撒，上帝是上帝。拿个银币来丢在地上，银币上是恺撒的头，恺撒只管收税，只管掠夺财物，而人的灵魂和自由还是属于上帝的。

这种散漫的大帝国，很像“日不落”的大英帝国：各地有各地的统治管理系统和当地的风俗习惯，英国的法律只管很小的一部分，当地的不成文法还是照样生效。举例而言，1971 年以前，香港地区存在两种法律，香港和九龙使用大英律，新界仍旧按照大清法律管理。因此，罗马帝国的各个部分，并不是有机性地结合，而是由罗马兵团占领，强制地合在一起。

原来在共和国时代以及帝国初期，罗马兵团的主要成员

---

❶ **彼拉多** 本丢·彼拉多（？—41 年），罗马帝国犹太行省的执政官（26—36 年）。根据《圣约·新约》所述，他曾多次审问耶稣，原本不认为耶稣犯了什么罪，却在仇视耶稣的犹太宗教领袖的压力下，判处耶稣钉死在十字架上。

拉斐尔的《耶稣基督蒙难》。耶稣最后被判处钉死在十字架上，彼拉多说，这是你们最后的决定，我洗我的手，我无罪。

是罗马公民，然后公民权扩大到城外附近的一般农民，这些朴实的罗马农民吃苦耐劳，勇敢善战，是罗马军队能处处取得胜利的重要原因。但是这些罗马军队一批一批地离开了罗马城。

罗马兵团跟着能征善战的将军出征，胜利之后，他们留在占领的地区，享受胜利者的荣华富贵。于是，罗马兵团的凯旋仪式只是一个典礼而已，出去的将军和士兵大半不再回国。罗马必须不断地扩张，扩展自己的兵源，一拨一拨本来没有资格做罗马公民的族群，都变成罗马新的兵团的成员。最后甚至四周的蛮族都被拉进来做雇佣兵，于是罗马军队本身的素质和原来罗马农民不一样，个人的效忠和归属感基本上都不在罗马，而在自己的本族。于是，维系罗马帝国的军事力量，无法真正、彻底地让罗马帝国合而为一。这一点和中国历史上大帝国的扩张很不一样。以汉代论，中国的扩张是逐渐从中央扩张出去，核心地区总是华夏民族，边缘地区同化成华夏之后，核心越来越大，核心永远大于边缘。罗马却是核心变质，边缘变大，庞大散漫而无归属感。最后，蛮族军队变成近卫军的主要组成部分，罗马帝国就像唐代的节度使一样，小兵封队长，队长封将军，将军封皇帝。这样的制度当然无从管理起，也无法维系成为真正融合而充实的帝国。

吉本认为，基督教的信仰削弱了罗马帝国的公民意识。

这是倒果为因的说法。其实是罗马公民意识早就消失了，基督教才乘虚而入。而且，那些殖民地的人民或蛮族的军队从来就不知道什么叫作罗马公民意识，他们所具有的所谓异教信仰，只是在面对基督教信仰之后，被有系统的宗教吸收进去。

吉本也责备罗马人过着奢华懒惰的生活。的确，我们今天到罗马城去看，巨大的圆形竞技场，是罗马人生活中的重要项目。从各地掠夺来的财源，很大一部分是留在罗马，让城里的人民过着安乐、逍遥的日子，有红酒、面包、斗兽和武士角斗作为娱乐。

西班牙帝国与大英帝国的成败

从过去看今天，我们也会相当感慨。

我想借此讨论的另外一部书是保罗·肯尼迪[1]的《大国的兴衰》，这部书正好接上吉本的《罗马帝国衰亡史》，它从16世纪讲到今天。保罗·肯尼迪说到哈布斯堡王朝、西班

---

[1] **保罗·肯尼迪**（Paul Kennedy，1945— ）英格兰人，曾任英国皇家历史学会会长，现为美国耶鲁大学历史学教授，重点研究和讲授当代战略和国际关系。他出版了很多关于英国皇家海军、大国争霸、太平洋战争等主题的书籍，其代表作《大国的兴衰》探讨了1500年至今国际舞台上大国兴替的历史。

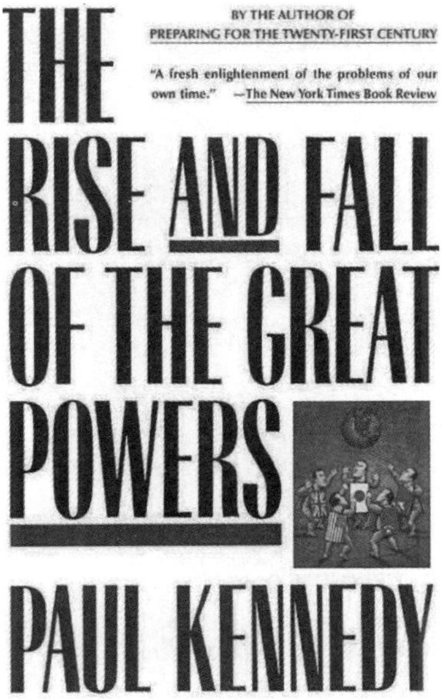

《大国的兴衰》这部书正好接上吉本的《罗马帝国衰亡史》，探讨了 16 世纪至今国际舞台上大国兴替的历史。

牙帝国等欧洲列强的帝国主义扩张到全世界，以及大英帝国和美国的霸权。他的讨论比吉本更为集中，他一部分讨论管理制度，但更加注意两方面：第一，帝国能否掌握经济资源；第二，帝国扩张的战略以及这种战略引发的负担。例如，大洋航道开通以后，西班牙帝国曾经盛极一时，整个新大陆加上大西洋和半个印度洋，以及一大块非洲都是西班牙人统治。西班牙人掠夺了新大陆的财富，有白银、黄金还有奴隶，富极一时。但西班牙帝国的扩张很像当年的罗马帝国，派遣到各处的军队和天主教教会合作治理当地，它们的政策是传教和掠夺财富，并没有真正的管理制度。于是，西班牙各个属地是散漫的。即使有天主教会这么组织严密的教廷帮助西班牙管理大帝国，教权和皇权在合作之外也是有冲突的。

西班牙人将新大陆和新殖民地财富运回本土，并没有真正转投资做其他发展，他们将巨量的财富用来装饰皇室的宫殿。金的用具，金的容器，甚至金的马桶，今天到西班牙去看，旧宫廷仍然金光灿烂。他们掠夺的财富有一部分被英国人和荷兰人在路上劫走了，一部分花费在购买欧洲其他各地的工艺品上。相反，转手到英国和中欧的财富，孕育了英国的资本主义，也培养了中欧城市里良工巧匠的生产技能。于是，西班牙之外，新的资本主义工业产生在英国，而不在西班牙这里。西班牙的另外一半财富花费在从印度洋、南太平洋到印度、日本购买的香料、瓷器和丝绸上。这造成中国和日本在16世纪以后，至少两百年的贸易顺差。所以，西班牙帝国的扩张是短暂地过着悠闲的生活，这种舒服而懒散的生活习惯，不能建立起一个能干活的国家。当然，西班牙帝国紧接下来就败在大英帝国手上。

大英帝国的胜利不在于击败西班牙的无敌舰队，大英帝国的胜利是在于其积极的进取精神，贪婪但是积极，有干劲。

从大英帝国本身的治理来看，大英帝国的各个部分是松散的。以印度为例：印度的土王，一个一个保持自己的头衔，也保持自己的疆域。英国的官员最初是以土王的秘书、书记这类身份帮助土王收税和管理；到后来，印度当然变成大英帝国的一部分，英王的头衔变成印度皇帝。英国在非洲的殖民地也是如此。南非是由荷兰移民波尔人开拓的，他们占领非洲的土地，奴役非洲的原住民。英国在波尔战争[1]中击败波尔人共和国取得南非，但基本上没有改变南非的结构——英国管理非洲是二元的，白人是英国人管，黑人是土邦在管。

再看英国各个殖民地之间的关系：它让甲殖民地的人民到乙殖民地当基层管理人员，所以南非有印度的律师和廓尔

[1] **波尔战争**（Boer War）　波尔人是南非荷兰移民后裔，19世纪在南非建立奴役黑人的德兰士瓦共和国和奥兰治自由邦。1899年10月，英国发动战争，波尔人战败，1910年并入英国自治领南非联邦。

喀[1]步兵，在香港地区有印度的公务员和英国的公务员，也有威海卫的警察。这种管理制度也是非常松弛的。

英国扩张的策略本身终究是靠武力，必须维持一支强大的海军，一个庞大的运输系统。为了维持世界第一海军的地位，英国政府的花费是超出正常预算的。也正因为需要庞大的武力维系“日不落”大帝国，英国必须持续不断在殖民地搜刮财富，不仅靠税收，也要靠不断独占市场和原料的资本主义经济。这种强烈的独占性，当然就会引起其他资本主义国家的竞争。

第一波是与法国、德国争，第二波是和美国、日本争。19 世纪至 20 世纪列强的竞争其实是军备竞争，船的吨位越来越大，炮的口径越来越大，火力越来越强，装甲越来越厚，生产出来就马上补给军队驻扎的基地。列强竞争引起两次世界性大战，那么庞大的大英帝国在二战以后就顿时垮下来了。

[1] 廓尔喀（Gurkha）位于尼泊尔中部地区，加德满都西北 80 公里处，是廓尔喀王朝发祥地。19 世纪中叶，英国入侵尼泊尔后，“廓尔喀”一词也指被招募至英属印度陆军中服役的士兵，或泛指一切尼泊尔人出身的士兵。

第十六章

今日美国与中国该往何处去

保罗·肯尼迪的理论，实际上是说给美国人听的。他出版《大国的兴衰》的时候，美国还没有经济危机，但他特别指出军事资源和经济资源不断扩张的两层危机。所谓和平时需要强大力量来维持现状，战时则要消耗更大的力量，这足以拖垮任何国家。保罗·肯尼迪所谓的和平时期是指冷战时期,冷战二十年苏联被拖垮了,美国被拖得半死不活。保罗·肯尼迪并没有特别强调意识形态和价值观念的问题，他注重的是可见、可计量的因素，比如说经济力量的强大和军事力量的耗费等。意识形态和价值观念无法在今天量化的史学方法中实现，因此他并没有像吉本那样指出信仰危机的问题。

资源的紧张可能引发下一波危机

但是，有两个因素保罗・肯尼迪并没有特别强调，第一是劳力外包，另一个是人口问题。从他这本书《大国的兴衰》问世以来，我们看单单美国就有多少劳力外包出现？看得见的部分是，我们接电话常发现对方是用外国口音的英语，美国的接线生都包到菲律宾和印度去了。更具体地说，中国工厂用自身的劳力及资源，替美国的市场生产从 A 到 Z 种种日用品。这一个形态的发展是过去所有大帝国崩溃没有碰到的问题。

至于人口膨胀本身是全球性课题。20 世纪全球长期面临人口膨胀，一直到最近人口才逐渐收缩。以美国论，别的国家人口在收缩，美国人口反而在增加——最近一次美国人口普查总人数突破三亿，比上次增加将近十分之一。今天更严重的人口问题是人口的成分越来越复杂，每一处的人口都是多元的。也因此，每一地方的小区都不像过去那样单纯。我们看纽约城，根本就不像美国的地方，出租车司机有几个是美国本土人？你到飞机场听听播音员呼叫的名字，有几个是完全美国的名字？同样你到香港看看，香港是高度国际化的城市，除了新界乡下以外，没有香港本地人了。深圳也是，深圳是中国的缩小版，但根本没有广东味道了。这样的人口构成，缺少凝聚力，也不容易用同一套价值观念构成共同的

流水线上的纺织女工。中国工厂用自身的劳力及资源，替美国的市场生产从 A 到 Z 种种日用品。

理念和由此而起的约束力量，于是无法保持社会的安宁。20世纪人口膨胀，使人类消耗的资源极为庞大，人类的生活资源，包括土地、水和能源，已经非常紧张了。由争夺资源引起的冲突，可能是人类下一波严重的危机。

系统必须保持弹性

回到信仰和观念问题。今天全世界在文化交流没有真正融合以前，每一个文化体系本来具有的价值观念，都因为有不同的观念存在，使人无所适从。海峡两岸都自以为可以复兴中华文化，或是标举孔子名号作为宣传。事实上，我们都知道，在当今社会儒家的理念已经式微，而西方文化的精神，终究没有在中国人心里扎根。以美国的例子来看，基督教信仰大概只剩下圣诞节的形式，以做上帝的好信徒为一生目标的新教精神，早就不见了。于是，这一代的美国人生活极为懒散，好听点说是淡泊自由，可是终究不能算是积极进取。世界的资源越来越少，生活环境越来越差，不积极进取，天上不会掉下粮食来。欧洲和美国的福利国家观念，基本上是基督教人道精神。这一精神不在的时候，国家不再能够依靠法律重新分配资源。最近美国的选举，和其他国家的选举都差不多，反映了以自由主义为号召的右派大获全胜。其实在“自由主义”四个字的后面，真正的潜台词是“我发财是我的命，你饿死是你的命”。如果这一种价值观念不加以改变，如果再没有新的人道精神或是仁者的胸怀，世界将要回到一个现代科技的丛林，人吃人而不见血。

综合保罗·肯尼迪的意见，我们可以进一步说：世界上任何共同体，不管是一个帝国还是个人身体，都是复杂的系统。每个部分必须永远追寻新的平衡，但平衡永远不能稳定，这个过程中间出一点小岔子，就可能颠覆整个系统，使这个系统崩溃。上面所说的经济因素、扩张的企图或者价值观念的约束，都只是一个个部分，每一个部分都不能掉以轻心，因为任何部分出了问题都会牵扯全体。正如堤岸上的一个蚂蚁洞，洞很小，可是终于会让堤岸崩溃。任何系统不能靠一个固定的秩序来维系，因为系统各部分的衰变速度都不一样，一有任何部分彼此之间产生落差，固定的秩序无法补救，秩序本身就会因为僵化而变成另外一个干扰因素。一个系统必须维持一定的弹性，自我调节的弹性。

附：许倬云先生启事

因近来对许倬云先生的师承传闻多有讹误，本书内容在《南方都市报》连载期间，许先生特嘱发一启事，一是澄清讹误，二是说明本书之缘起，特附许先生原文如下：

谨启：贵报所载我的师承，传闻有误。我的业师是李宗侗、沈刚伯、李济、劳榦、芮逸夫、董作宾诸位，教诲之恩，终身感激。傅斯年是台大校长，我入校一年，他就去世。在这一年，他没有开课，也因此无缘受他的教诲。他是中国上古史大家，我受他著作的影响甚多，高山仰止，感佩拜赐。王世杰是“中研院”的上司，我奉命协办学术国际事务，因此学到一些难得经验，但不在我专业的范围。以上情形，请惠于更正。

又启：在贵报刊登的系列，是我在匹（兹堡）城华人朋友聚会时的谈话记录，都是口语，不是正式文章。啰唆之处，在所不免。请读者原谅。

许倬云　启